Duden

Passende Reden für jede Gelegenheit

Duden

Passende Reden für jede Gelegenheit

Geburt, Taufe, Geburtstag, Hochzeit, Trauerfall, Vereinsleben und öffentliche Anlässe

Dudenverlag
Mannheim · Zürich

Die **Duden-Sprachberatung** beantwortet Ihre Fragen zu Rechtschreibung, Zeichensetzung, Grammatik u. Ä. montags bis freitags zwischen 08:00 und 18:00 Uhr.
Aus Deutschland: **09001 870098** (1,86 € pro Minute aus dem Festnetz)
Aus Österreich: **0900 844144** (1,80 € pro Minute aus dem Festnetz)
Aus der Schweiz: **0900 383360** (3,13 CHF pro Minute aus dem Festnetz)
Die Tarife für Anrufe aus den Mobilfunknetzen können davon abweichen.
Unter www.duden-suche.de können Sie mit einem Online-Abo auch per Internet in ausgewählten Dudenwerken nachschlagen.
Den kostenlosen Newsletter der Duden-Sprachberatung können Sie unter www.duden.de/newsletter abonnieren.

Bibliografische Information der Deutschen Nationalbibliothek
Die Deutsche Nationalbibliothek verzeichnet diese Publikation in der Deutschen Nationalbibliografie; detaillierte bibliografische Daten sind im Internet über http://dnb.d-nb.de abrufbar.

Das Wort Duden ist für den Verlag
Bibliographisches Institut GmbH als Marke geschützt.

Alle Rechte vorbehalten.
Nachdruck, auch auszugsweise, verboten.
© Duden 2011, Nachdruck 2011
Bibliographisches Institut GmbH
Dudenstraße 6, 68167 Mannheim

Redaktionelle Leitung Dr. Hildegard Hogen
Redaktion Martin Fruhstorfer

Herstellung Monika Schoch
Reihenlayout Horst Bachmann
Illustrationen Nicole Schneider
Umschlaggestaltung butenschoendesign.de
Umschlagabbildungen Fotolia/Alterfalter: Festtafel, Fotolia/Michael Möller: Füller, Fotolia/karam miri: Rednerpult
Satz Bibliographisches Institut GmbH
Druck und Bindung Stürtz GmbH,
Alfred-Nobel-Straße 33, 97080 Würzburg
Printed in Germany
ISBN 978-3-411-74501-2
Auch als E-Book erhältlich unter:
ISBN 978-3-411-90491-4
www.duden.de

Inhalt

- Taufe, Erstkommunion und Konfirmation   7
- Geburtstag   17
- Hochzeit und Hochzeitsjubiläen   31
- Kindergarten, Schule und Studium   47
- Vereinsleben   65
- Öffentliche Anlässe   93
- Trauerfälle   111

Taufe, Erstkommunion und Konfirmation

Taufe, Erstkommunion und Konfirmation

Rede des Paten zur Taufe

Lieber Julian!

Du bist erst einige Wochen alt und noch entsprechend klein, aber unter den vielen großen Leuten schon das zweite Mal in deinem Leben die Hauptperson.

Wir haben deine Geburt mit Spannung erwartet. Am 28. Februar, genau um 12.16 Uhr war es so weit: Ein kleiner, noch etwas zerknautschter Erdling fing an, sich mit der Welt vertraut zu machen. Das war ein großes Ereignis, und du warst – noch vor Mama und Papa – in dieser Dreierbeziehung tonangebend. Heute, am Tag deiner Taufe, bist du wieder Mittelpunkt und – nicht zu überhören – energischer Verfechter deiner Rechte; so ein Durchsetzungs- und Behauptungstraining nervt schon mal die anderen, ist aber nützlich für dich.

Bei dieser Gelegenheit wollen wir dir ganz herzlich zu deinen prächtigen Eltern gratulieren, die wir schon lange kennen und mögen; sie gehören zu unseren besten Freunden.

Wir, lieber Julian, werden nun auch bald miteinander vertraut, wir wollen deine Entwicklung erleben, uns daran erfreuen und nach Kräften zu deinem Wohlergehen beitragen. Fürsorge gehört auch zu den Pflichten der Paten, die Jutta und ich heute für dich geworden sind.

Na ja, bis du das alles so richtig erfasst und alle Menschen deiner Umwelt unterscheiden und einordnen kannst, wird noch ein Weilchen vergehen.

Später wartet dann die große weite Welt auf dich; du kannst sie mitgestalten, das Rüstzeug schlummert in dir, und viele Segenswünsche begleiten dich. Von der Zukunft wissen wir nur, dass sie kommt – darauf ist Verlass; wir wissen nicht, was sie bringt. Diese Ungewissheit ist eine große Chance, denn du und die vielen anderen deiner Generation, ihr alle werdet einmal für unsere Erde und was darauf geschieht verantwortlich sein. Da gibt es eine Menge zu verbessern.

Aber nun sei erst einmal ein drolliges und vergnügtes Baby, werde ein fröhlicher kleiner Junge in einer möglichst friedlichen Welt. Für die weiteren Stationen deines Lebens lassen wir uns dann neue Reden einfallen.

Jetzt trinken wir auf dein Wohl und das deiner Eltern: Zum Schönsten auf Erden gehören süße Babys und glückliche Eltern!

Rede einer Patin zur Taufe

Liebe Täuflingseltern, liebe Kopaten und liebe Mit-Gäste,

dass ich heute hier stehe und zu einer Rede auf unseren Täufling anhebe, war nicht meine Idee. Aber der Kindsvater war der fortschrittlichen Ansicht, das Matriarchat sei ohnehin unaufhaltsam auf dem Vormarsch. Deshalb könne man den Täufling gar nicht früh genug daran gewöhnen, dass jetzt die Frauen das Sagen haben. Und das ist natürlich ein Argument, dem man sich als Frau wirklich nicht verschließen sollte. Deswegen traue ich mich, unter den hier versammelten Paten das Wort zu ergreifen, und hoffe, dass ich allen meinen Mit-Paten aus dem Herzen spreche, wenn ich zunächst einmal Danke sage für das große Vertrauen, das ihr uns mit diesem Patenamt für euren Sohn entgegenbringt.

Als ihr vor einigen Wochen bei mir anrieft und mir euren Justus als Patenkind ans Herz legen wolltet, war meine Reaktion – sicher zu eurer Enttäuschung – erst mal verhalten. Dafür gab es gute Gründe:
    Zum einen sind mein Mann und ich mit Patenkindern bereits reich gesegnet. Aber ihr habt mir dann doch schnell klargemacht, dass zur Vervollkommnung unserer Patenkinderkollektion ein Altmännchen unbedingt noch gefehlt hat.
    Der zweite Zögerungsgrund wiegt schwerer: Du, lieber Täuflingsvater, hast uns nun 24 Jahre lang bei unserem eigenen Sohn aufs Vorbildlichste gezeigt, wie man sich als liebevoller, verantwortungsbewusster, großzügiger und verständnisvoller Pate verhalten soll. Deine Frau hat dich dabei nach Kräften unterstützt – und ihr beide habt hohe Maßstäbe gesetzt. Das ist eine schwere Hypothek, und wir werden uns sehr anstrengen müssen, diesen von euch gesetzten Standard auch nur annähernd zu erreichen!

Im Moment sieht es gottlob so aus, als ob wir uns um das psychische und physische Gedeihen von Justus keine Sorgen machen müssen. Nachdem seine Eltern glaubhaft versichert haben, dass dies nun definitiv die letzte Taufe im Hause Altmann sei, bleibt unserem Täufling die beneidenswerte Position des von allen verwöhnten Nesthäkchens in einer lebhaften Großfamilie hoffentlich erhalten. Es ist zwar einerseits bedauerlich, dass unser Justus das Auslaufmodell einer ungemein erfolgversprechenden Kinderserie ist, andererseits hat die Position des Jüngsten eben doch große Vorteile. Und wenn ich sehe, wie die Geschwister sich drängeln, ihn zu tragen, zu wickeln und mit ihm zu kuscheln, bin ich sicher, dass er sich später nicht über ein Defizit an Zuwendung und Liebe beklagen muss.

In anderen Familien wird bei den jüngsten Kindern gewöhnlich gespart – das weiß ich aus eigener Erfahrung. Die armen Kleinsten müssen die abgetragenen Klamotten und das lädierte Spielzeug der älteren Geschwister erben und mit diesen enge Räume teilen. Euch hingegen ist für euren Jüngsten nichts zu teuer: Ihr stockt euer Haus auf und bringt alle Räume auf Hochglanz, damit der Knabe ein standesgemäßes Zuhause bekommt. Diesem Treiben können wir Paten nur mit Beifall zusehen: weiter so!

Täuflinge, die eben noch niedlich und friedlich im Körbchen schlummerten, werden größer – und nicht alle Phasen auf dem Weg ins Erwachsenwerden sind immer erfreulich und herzerwärmend. Plötzlich nennt der eben noch so herzige Knabe einen ohrenbetäubenden Gettoblaster sein Eigen, trägt womöglich einen Ohrring oder schlimmer noch: einen Brilli im Nasenflügel und erschreckt seine armen Eltern mit merkwürdigen Haartrachten, äußerst unorthodoxer Kleidung, finsteren Freunden und entsetzlich krausen Ideen.

Diese interessante und für die Menschwerdung wichtige Metamorphose tritt in aller Regel erst nach der Konfirmation auf. Im krassen Gegensatz zum »Evangelischen Erwachsenenkatechismus«, den ich extra deswegen konsultiert habe, bin ich deshalb der unerschütterlichen Meinung, dass das Patenamt kein bis zur Konfirmation zeitlich begrenztes, sondern ein lebenslängliches sein muss. Es ist ganz reizend, kleinen Patenkindern zu Weihnachten oder zum Geburtstag bunte Päckchen zu schicken. Aber richtig gute Paten nehmen noch viel wichtigere Aufgaben wahr. Dazu gehört vor allem,

- das anvertraute Patenkind auf seinem Lebensweg so lange wie möglich zu begleiten und den Kontakt zu halten,
- im Beten nicht nachzulassen,
- ihm glaubhaft vorzuleben, dass der christliche Glaube uns auch heute Orientierung und beglückende Geborgenheit bieten kann, und
- ihm auch in möglicherweise schwierigen Entwicklungsphasen zu signalisieren: »Egal was passiert: Ich bin für dich da, ich hab dich lieb, du kannst mit all deinen Problemen zu mir kommen, und auch wenn wir dann vielleicht nicht immer einer Meinung sind, werde ich nach besten Kräften versuchen, dir weiterzuhelfen.«

Ich denke, wir alle hier haben die allerbesten Vorsätze, eurem Sohn gute Paten zu sein. Dieses ganz ernst gemeinte Versprechen darf Justus später bei mir und sicher auch bei allen anderen Paten einklagen. Damit er dazu in der Lage sein wird und uns beim Wort nehmen kann, gebe ich euch mein Versprechen schriftlich – zu treuen Händen.

(Ein Briefumschlag mit der schriftlichen Rede zum Nachlesen für Justus wird übergeben.)

Rede des Paten zur Erstkommunion

Liebe Sophie, mein liebes Patenkind,

heute ist ein ganz besonderer Tag für dich – in einem schönen weißen Kleid sitzt du an der festlichen Tafel, und damit nicht genug, du darfst am Kopf des Tisches sitzen, denn du bist heute die Hauptperson.

Ich kann es kaum glauben – es kommt mir vor wie vorgestern, dass ich ein quäkendes Bündel über das Taufbecken hielt, ein kleines Gottesgeschenk. Der Pfarrer goss dir vorsichtig ein wenig Wasser über das Köpfchen, und damit wurdest du auf der Welt begrüßt und aufgenommen in die Gemeinschaft der Christen. Beschützt und geliebt von deinen Eltern und Großeltern wuchst du zusammen mit deiner älteren Schwester Johanna heran, und immer wieder gab es Stufen, die dich ein bisschen näher an die Welt der Großen brachten – sei es der erste Tag im Kindergarten, sei es bei der Einschulung.
 Du hast du dich zu einem fröhlichen Wirbelwind entwickelt, manchmal mit einem ganz eigenen Kopf und lustigen Einfällen. Es hat Freude gemacht, dich als dein Patenonkel begleiten zu dürfen, dich auch immer mal wieder zur Sonntagsmesse mitzunehmen, der du aufmerksam folgtest, dich Lieder und Gebete zu lehren, die dich im Leben stärken können. Gern bist du zum Kommunionsunterricht gegangen, um zu lernen, dass Gott uns mit seiner Liebe durch das Leben führt, dass er uns Regeln und Gesetze gegeben hat, ein guter Mensch zu sein, und dass er uns selbst entscheiden lässt, wie wir ein guter Mensch sein wollen. Und wenn es das Leben einmal nicht so gut meint, tröstet er uns und gibt uns Kraft, darauf können wir vertrauen. Er hört uns immer!

Wenn es anderen nicht gut geht, sollen wir sie trösten und begleiten. Und das hast du schon mal bei deinen Vettern und Cousinen, meinen

Kindern, getan, weißt du noch, als wir unseren Kater Moritz begraben mussten? Da hast du einfühlsam geholfen und liebe Worte gefunden. Du hast verstanden, meine liebe kleine Nichte, was ein rechter Christenmensch ist, und so bist du heute ein richtiges Mitglied der Gemeinde geworden und hast die erste heilige Kommunion empfangen dürfen. Hattest du dabei Herzklopfen? Ich hatte es damals bei meiner Erstkommunion, es ist so ein besonderer Moment. Gott kommt dir ganz nah, sein Geist erfüllt dich und gibt dir Mut und Licht.

Lass dich davon tragen und stärken, mein Schatz, und genieße deinen heutigen großen Tag. Wir wollen nun alle anstoßen, die Großen mit Wein, die Kinder mit Saft: Gottes Segen für unsere Sophie! Das wünscht dir dein alter Onkel Klaus.

Rede des Paten zur Konfirmation seines Patensohnes

Lieber Patensohn, lieber Christian!

Der heutige Tag ist für dich ein Ehrentag. Du bist eingesegnet worden. Darüber und natürlich über die kleinen oder größeren Geschenke, die du zur Feier des Tages erhalten hast, wirst du dich freuen. Besonders der hohe Geldbetrag, der sich durch die Gebefreudigkeit deiner Verwandten und Freunde angesammelt hat, wird dein Herz höherschlagen lassen. Denn endlich wirst du dir nun deinen seit Langem gehegten Wunsch nach einem eigenen Personalcomputer erfüllen können.

Unter pädagogischen Gesichtspunkten kann ich dazu nur sagen: Das ist eine sinnvolle Anschaffung. Denn die kommt auch deinen schulischen Leistungen zugute, auch wenn es bei dir nicht nötig ist, sich um den Erfolg im Unterricht zu sorgen. Wie man hört, gibt es keinen Anlass zur Klage. Im Gegenteil, alle freuen sich über deine Leistungen.

Da ich selbst gern und auch pflichtgemäß mit einem Computer umgehe – ein modernes Büro kommt ohne ein solches Hilfsmittel nicht aus –, werden wir vielleicht in nächster Zukunft eng zusammenarbeiten können. Bald kommen die großen Ferien, du suchst einen Ferienjob, und ich brauche eine Kraft, die mit dem PC vertraut ist. Ist das ein Angebot?

Doch zurück zu deinem heutigen Ehrentag. Deine Eltern haben dich bewusst zur Taufe geführt und dich im christlichen Glauben erzogen. Soweit wir, Tante Angelika und ich, als deine Paten daran haben Anteil nehmen können, haben wir das bewusst unterstützt. Schließlich war das auch unsere Aufgabe. Selbstverständlich ist eine solche Mitwirkung immer schwierig, zumal wenn man sich wenig trifft. Das war in der letzten Zeit wegen meiner beruflichen Verpflichtungen leider der Fall. Deine Eltern haben mit Recht oft Klage darüber geführt. Heute hast du nun deine christliche Erziehung durch dein Bekenntnis in der Kirche bejaht. Nachdem du am Abendmahl teilgenommen hast, bist du in die Gemeinschaft der erwachsenen Christen aufgenommen – mit allen Rechten und Pflichten. Wir wünschen dir bei ihrer Wahrnehmung eine glückliche Hand.

Wahrscheinlich wirst du an der Kirche, zu der du nunmehr als Vollmitglied gehörst, nicht nur Freude haben. Sie ist in ihrer organisierten Form eine von Menschen gestaltete Gemeinschaft, die sichtbar mit Schwächen behaftet ist. Du wirst enttäuscht werden von vielem Allzumenschlichen. Das geht fast jedem so. Indessen, denke daran, Kirche ist ein Geschenk. Wir dürfen zu ihr gehören. Wir dürfen an ihrem segensreichen Wirken teilnehmen. Immer wieder wird von dir gefordert, davon Zeugnis abzulegen. Ich wünsche dir dabei viel Standfestigkeit und Mut. Dann wird dir dieser Dienst auch Freude bereiten.

Nach dieser etwas ernsteren Besinnung soll die Rede in einem unbeschwerten, fröhlichen Miteinander ausklingen. Schließlich ist heute ein Tag der Freude. Wir danken euch, liebe Monika und lieber Michael, dass wir gemeinsam mit euch diesen Tag feiern dürfen. Wir sind immer gern bei euch. Jetzt lasst uns das neue Glied der erwachsenen Christenschar ehren. Bitte erhebt euch von euren Plätzen, ergreift die Gläser und stoßt mit mir auf sein Wohl an: Vivat, crescat, floreat, unser Christian möge leben, wachsen und gedeihen!

Geburtstag

Rede des Sohnes zum 50. Geburtstag der Mutter

Liebe Mutter!

Im Kreis deiner Verwandten und Freunde feierst du heute deinen 50. Geburtstag. Für viele Frauen ist dieses Ereignis ein Trauertag. Sie wollen nicht daran erinnert werden, dass ein halbes Jahrhundert vorüber ist. Aber du hast aus deinem Alter nie ein Geheimnis gemacht, sondern dich immer dazu bekannt. Wegen deines Aussehens kannst du das auch, wie dir alle Anwesenden sicherlich bestätigen werden.

Wenn ich heute das Wort ergreife, dann tue ich das aus einem bestimmten Grund. Ich möchte dir nämlich in aller Öffentlichkeit danken für all das, was du mir direkt und indirekt gegeben und was du für mich durchgestanden hast. Es gilt zwar der Satz und er ist im Prinzip richtig: »Keiner kann sich seine Eltern aussuchen.« Aber hätte ich die Möglichkeit gehabt, mir meine Mutter selbst auszusuchen, ich hätte ohne Wenn und Aber dich gewählt.

Dass ich Vater nicht mit einschließen kann, werden alle verstehen, die wissen, dass ich ihn, der früh gestorben ist, kaum gekannt habe. Allerdings ist es sehr wahrscheinlich, dass ich mit dir auch ihn gewählt hätte. Ich weiß, wie sehr du ihn geliebt hast und wie schwer du daran getragen hast, als er auf so tragische Weise ums Leben kam.

Doch zurück zu dir, liebe Mutter. Du hast, ganz auf dich gestellt, nicht nur das Geschäft deines Mannes übernehmen, sondern auch deinen Jungen großziehen müssen. Beides war nicht ganz leicht. Aber du hast Erfolg gehabt. Du hast das Geschäft erhalten, es sogar beträchtlich vergrößern können. Unter Einsatz deiner ganzen Arbeitskraft und durch eine große Opferbereitschaft ist dir dieser Erfolg zuteilgeworden. Du hast eigene Wünsche und Interessen zurückgestellt. Ich denke dabei an deine Leidenschaft für das Theater oder für das

Reisen in ferne Länder. Aber du hast auch nie deinen Jungen vergessen, obwohl er dich zunächst mit seinen schulischen Problemen und später dann mit anderen seelischen Kümmernissen oft stark strapaziert hat. Ich weiß das erst heute richtig zu würdigen, da wir, Sabine und ich, selbst Kinder haben.

Ich sagte gerade: Kinder können sich ihre Eltern nicht aussuchen. Aber auch die Eltern müssen mit ihren Kindern leben. Vieles kann man zwar anerziehen, aber eben doch nicht alles. Ich hoffe, dass auch du mit deinem Sohn hast leben können. Mögest du deine »Wahl«, die nun einmal keine war, nicht bereuen, sondern heute gern bestätigen!

Ich weiß, du denkst so. Deshalb darf ich dir heute sagen: Wenn ich erreichen könnte, das Leben so zu meistern, wie du es geschafft hast, wäre ich dankbar und glücklich. Selbstverständlich hast du auch Ecken und Kanten, wie sollte es auch anders sein. Manch einer – übrigens auch ich – hat schon unter deiner Hand gestöhnt. Aber davon soll heute nicht gesprochen werden. Wichtig ist: Du bist mit deinem Einsatz und deiner Arbeitsfreude Vorbild für viele geworden. Ich glaube, auch deine Gäste wissen eine Menge davon. Nicht von selbst hat sich dein Freundeskreis so stark erweitert.

Man sagt gern: »Wes das Herz voll ist, des fließt der Mund über.« Darum höre ich auch nicht auf, ohne dir noch einmal ein herzliches Dankeschön zuzurufen.

Ich darf annehmen, dass Sie alle, verehrte Anwesende, liebe Freunde, sich mit mir zusammenschließen werden, um auf die Gesundheit meiner Mutter anzustoßen. Darum bitte ich Sie, sich von Ihren Plätzen zu erheben, Ihre Gläser zu ergreifen und einzustimmen in den Ruf: Unsere liebe Margarete lebe hoch!

Rede zum 50. Geburtstag von Freunden

Liebe Anke,

wahrscheinlich bin ich unter den Anwesenden diejenige, die dich nach deinen Eltern am längsten kennt, nämlich mehr als 30 Jahre. Ich habe miterlebt, wie du Peter kennengelernt hast und wie die Zeiten der »Annäherung« verlaufen sind.

Nach einigen Jahren »wilder Ehe« seid ihr nun ja in Bergisch Gladbach heimisch geworden und bewohnt dort ein schönes Haus. Zu unseren prägnanten Eindrücken gehören die Besuche bei euch.

Rolf und ich, wir haben zum Beispiel noch nie einen so aufgeräumten Schreibtisch gesehen wie in Ankes Arbeitszimmer und dachten zuerst, dieser Schreibtisch stehe nur zur Zierde dort.

Dann erinnern wir uns an einen Besuch bei euch – unsere Kinder waren noch klein –, bei dem Anke, obwohl wir an der Haustür die Schuhe auszogen, die Tage über charmant mit einem Wischlappen auf den weißen Fliesen und dem hellgrauen Teppichboden hinter uns herwischte. Liebe Anke, du siehst, wir haben es doch bemerkt.

Auch eine weitere Lebenseinstellung von euch imponiert uns sehr: euer Verhältnis zum Alkohol. Eigentlich bewundernswert: null Alkohol unter der Woche (es sei denn, Freunde kommen zu Besuch), wohl aber am Wochenende und in den Ferien.

Und wir hatten mal solche Ferien: Sommer auf Wangerooge. Anke und Peter genehmigten sich den ersten und zweiten Frühschoppen – wir auch. Familie Brecht war lustig und vergnügt und machte um 12 Uhr erst mal schön Mittagsschlaf; Familie Fernau dagegen – mit Sven, 4 Jahre alt, und Stella, 7 Jahre alt – hing mittags »in den Seilen«. Kein Mittagsschlaf in Sicht, denn unsere Kinder dachten gar nicht daran, mittags Ruhe zu geben, und wollten beschäftigt werden.

Ausgeschlafen und frisch trafen Brechts dann zum Nachmittagsdrink ein, während wir uns gerade noch aufrecht halten konnten.

Noch eine Sache, lieber Peter. Rolf hatte einmal das Glück, dich ins Fußballstadion nach Leverkusen begleiten zu können. Noch heute erzählt er von der Metamorphose eines sonst ruhigen, netten Mannes zum tobenden Fanatiker. Da wir aber deine Fußballleidenschaft kennen und auch alle wissen, wie gut du dich, lieber Peter, bei den Spielen abreagieren kannst, haben wir für dich das ideale, überall einsetzbare Teil mitgebracht. Ich verrate nur dies: Besonders beliebt ist die Konstellation »Der kommende deutsche Meister Werder Bremen gegen eine abgeschlagene Mannschaft von Bayer Leverkusen«.

Euch beiden zu den geschafften 50, den sichtbaren 40 und den gefühlten 30 Jahren herzlichen Glückwunsch!

Rede zum 50. Geburtstag eines Freundes

Lieber Matthias,

exakt vor 50 Jahren hast du deinem Herzen Luft gemacht und bist mit lautem Geschrei zur Welt gekommen.
 Nach wie vor verschaffst du dir öfters Luft, aber jetzt, um dich fit zu halten – und das ohne jegliches Getöse.

Unmerklich bist du 50 geworden. Du hast dich nicht nur körperlich jung und geistig frisch gehalten, sondern bist vor allem im Herzen jung geblieben. So, wie ich dich kenne, wirst du auch mit 80 ein Junggebliebener sein, auch wenn hier und da einige Lachfältchen dazugekommen sein werden.
 Die sind auch der sichtbare Ausdruck für deine Lebenseinstellung, nämlich keine Gelegenheit auszulassen, bei der gelacht und gescherzt werden kann. Um diese positive Lebenssicht beneiden dich viele.
 Auch ich gehöre dazu und trotzdem gönne ich es dir. Denn es macht das Leben neben und mit dir fröhlicher. Es ist einfach schön, dass es dich gibt. Ich freue mich schon auf deinen nächsten und die folgenden Geburtstage.

Hoch, dreimal hoch lebe das Geburtstagskind, hoch, hoch, hoch!

Rede zum 70. Geburtstag eines Freundes

Lieber Kurt!

Herzlichen Glückwunsch zu deinem 70. Geburtstag!
Kalendarisch bist du 70, körperlich und geistig jedoch viel jünger und noch immer unzähligen Menschen ein leuchtendes Vorbild an Disziplin, Pflichterfüllung, Idealismus, Lebenskunst und Lebenserfolg.

Deine Vita wird gerühmt und deine Vitalität bewundert. Lieber Kurt, wenn man dich klonen könnte, hätten wir eine bessere Welt. Deine Familie kann sehr stolz auf dich sein, deine Vertrauten schätzen deine Freundschaft, Zuverlässigkeit und Hilfsbereitschaft. Du bist im Zuspruch klug und im Widerspruch weise, ausgewogen im Urteil, tolerant im Meinungsstreit, konsequent im Grundsätzlichen.
Kurt, man braucht dein Wissen als Professor, deine Erfahrungen als Verbandspräsident, deinen Weitblick als Unternehmer und deine Souveränität als Mensch.
Lieber Kurt, uns ist ein gesunder Egoismus eigen. Deshalb haben wir für das nächste Dezennium deine monumentale Kreativität und deinen mitreißenden Schwung bereits einkalkuliert. Damit wollen wir natürlich Gottes Güte keine Grenzen setzen.

Ich trinke jetzt mit allen Vor- und Nachrednern sowie der gesamten Gästeschar auf dein Wohl. Ad multos annos, wie der Lateiner sagt: Auf noch viele gemeinsame Jahre!

GEBURTSTAG

Rede zum 75. Geburtstag eines Nachbarn

Liebe Erika, liebe Kinder und Enkelkinder,

ich gratuliere euch zum 75. Geburtstag meines Freundes Günter. Ich kenne ihn seit 1968, wir haben diese Zeit Haus an Haus quasi hautnah verbracht. Zwischen uns hat es in über vier Jahrzehnten nie ein böses Wort gegeben.

Lieber Günter, ich habe dich immer nur erlebt, nie erlitten. Das gibt es bei so enger Nachbarschaft und jeweils vier lebhaften Kindern, bei euch drei Mädchen und ein Junge, bei uns umgekehrt, kaum ein zweites Mal. So ist aus Respekt und Sympathie Freundschaft geworden. Geprägt wurde diese durch Fairness, Toleranz, Vertrauen, Verlässlichkeit und Hilfsbereitschaft. Sollte es mal aus irgendwelchen Gründen Unmut gegeben haben, verschwand der so schnell wie Morgennebel in der Mittagssonne. Unser friedliches Miteinander kann Vorbild für manche Ehe sein.

Da du nur zwei Jahre jünger bist als ich, verbinden uns auch Erlebnisse aus Kinder- und Jugendzeiten. Wir haben unsere Erfahrungen nicht in gleicher Weise und an gleichen Orten gesammelt, doch sicher gibt es viele parallele Erinnerungen im Hinblick auf Gebräuche, Gepflogenheiten, Gegebenheiten und Grundsätze im Elternhaus, in den Schulen und im sonstigen Umfeld.

Was auf den Tisch kam, musste gegessen werden, maulen war nicht erlaubt, es gab schnell eine gewischt. Kinder sollten nur reden, wenn sie gefragt wurden, schnell war man als vorlaut stigmatisiert. Der Beweis der Artigkeit waren tiefe Diener und Knickse. Tugendsamer Gehorsam war das Idealziel der Erziehung, eigener Wille wurde nur verhalten gefördert.

Mit der Technik war es auch nicht weit her. Statt beheizter Toiletten gab es primitive Plumpsklosetts auf dem Hof; in Miethäusern konnte man über die Vergänglichkeit alles Irdischen in Stockwerkklosetts etwas bequemer meditieren oder in Groschenheften schmökern. Luxus, wie Hakle feucht, war noch nicht entwickelt, gebräuchlich war zugeschnittener Zeitungs- oder ähnlicher Papierkomfort. In manchen Haushalten gab es noch Petroleumlicht mit kokelnden Dochten, und an den Drahteseln spendeten Karbidlampen trübes Licht.

Und dann erst das voreheliche Liebesleben. Was heute gang und gäbe ist, wurde damals noch verteufelt, Verbote plagten das Gewissen und Erschwernisse trübten den Genuss. Statt zwischen motorisierten Triebwagen mit praktischen Liebessitzen oder sturmfreien Buden musste man sich zwischen harten Bänken, feuchtem Moos oder piksendem Gras mit krabbelnden Ameisen entscheiden. So war es damals. Ob heute alles besser ist, kann bezweifelt werden, jedenfalls ist es anders.

Jetzt, lieber Günter, sind wir Senioren, haben friedhofsblonde Haare, alte Gesichter, aber dafür neue Zähne und den Status gesetzter Herren mit entsprechender Reputation. Wir haben allen Grund, auf unser Lebenswerk und unsere Kinder, Enkel- und Schwiegerkinder stolz zu sein, aber wir sind auch unseren Frauen dankbar, denn ohne sie hätten wir das, was wir haben und sind, nie erreicht.

So viel zu den Günter-und-Siegfried-Gemeinsamkeiten.

Jetzt kommen die Passagen Gratulation, Dank und Zukunft. Die individuellen Glückwünsche hast du ja bereits entgegengenommen. Lieber Günter, noch mal in aller Form einen kollektiven und herzlichen Glückwunsch zum bedeutsamen 75. Geburtstag von deinen Kegelschwestern und -brüdern, Freunden und allen, die zu deinem Sonnensystem gehören und hier um dich kreisen. Wir wünschen dir in jeder Hinsicht vom Guten das Beste.

Wir danken dir auch für die großartige Bewirtung, die bereits eine lange Tradition hat. Auch deshalb nehmen wir die Einladung zum 80. bereits an. Natürlich in erster Linie, weil wir dich alle mögen und schätzen. Bis dahin werden die FKK-Mitglieder noch in vielen gemeinsamen Stunden fröhlich die Kugeln rollen und manchen Kegel stehen lassen. Ohne deine Initiative hätte es diesen Verein – »Freunde der Kegelkunst« – nicht gegeben.

Von der Zukunft wissen wir nur, dass sie kommt, sie ist das Sicherste im Leben, denn sie ist noch immer gekommen. Aber niemand weiß, was sie bringt. Doch, lieber Günter, erwiesen ist: Auch das Alter bringt Vergnügen, vorausgesetzt, man kann es kriegen.

Weißt du, Günter, man müsste noch mal 30 sein und die Adressen von heute haben. Ich wünsche uns einen vergnügten Abend und bitte alle, einen kräftigen Schluck auf Günters Wohl zu trinken.

Dem lieben Günter ein dreifaches Hoch!

Rede eines Onkels zum Geburtstag des Neffen

Lieber Peter,

herzlichen Glückwunsch zum Geburtstag!
 Kalendarisch bist du jetzt 60, Spötter sagen, du würdest höchstens wie 58 aussehen. Nimm es gelassen, die sind nur neidisch, weil sie nie zur Kategorie der Adonisse gehört haben und deshalb selbst beim Rasieren nicht in den Spiegel schauen.
 Ich, dein angeheirateter Onkel, kannte dich schon, als du noch gepudert wurdest. Da warst du bereits ein schnuckeliges Kerlchen – und bist es zunehmend geblieben. Deshalb pendelst du optisch um die 47.

Deine Falten, die dich interessant machen und dir gut stehen, gehören zu deinem Wesen wie die Weisheit zur Würde eines gestandenen Mannes.
 Du befindest dich in der Plateauphase deiner Persönlichkeit, bist beliebt, begehrt und bewährt. Du wirst mit deinen Ideen und Initiativen noch viel bewegen und bewirken. Du hast unternehmerischen Schwung wie ein Dreißigjähriger.
 Übrigens, deine Falten sind nicht die Folgen diverser Frauengeschichten, sondern großen Fleißes und Grübelns über genialen Lösungen technischer und organisatorischer Probleme. So hast du dir einen Unentbehrlichkeitsstatus geschaffen. Wenn es gilt, gibt es für Peter Schott keine Schonung. Motto: ohne Fleiß kein Verschleiß.

Lieber Peter, nun bleibt noch die Klärung deines biologischen Alters. Da wollen wir uns jeder Einschätzung enthalten und die Einstufung deiner Sabine überlassen.

Geburtstag

Nachdem ich 60 Jahre dein Onkel war, habe ich ab heute keine Lust mehr dazu. Lass bei jeder Kommunikation zwischen uns den Onkel außen vor – Günter genügt. Das macht mich im jeweiligen Umfeld etwas jünger. Da wir in femininen Kreisen nie Konkurrenten waren, kann es dir gleich sein.

Auch im Namen der gesamten Verwandtschaft wünsche ich dir, lieber Peter, die Gunst aller guten Geister, vom Guten stets das Beste.

Alle Mitglieder der im In- und Ausland verzweigten Familienbande vieler Generationen sind auf deine berufliche Genialität und menschliche Qualität sehr stolz.

Allen Anwesenden wünsche ich noch einen vergnügten Abend.

Wem morgen was fehlt, der hatte heute zu viel.

Wer heute noch ins Auto steigt, möge daran denken: Schnell gefahren ist halb verschrottet.

Rede der Enkelin zum 75. Geburtstag

Lieber Opa, liebe Familie, liebe Freunde!

Als Kind unserer Leistungsgesellschaft spreche ich heute über Leistungen. Ein merkwürdiges Thema für einen 75. Geburtstag? Ich glaube nicht. Und du, Opa, stehst doch schon eine Weile nicht mehr im Beruf – was kann dich an diesem Thema da wohl interessieren?

Du kommst meiner Meinung nach gar nicht umhin, dich mit Leistung, mit Leistungsansprüchen und -idealen auseinanderzusetzen, denn du gehörst zu denen, die von einer jugendbesessenen Gesellschaft oftmals in die Kategorie derer eingeordnet werden, die eben nichts mehr leisten und daher auch für Politiker weniger interessant sind als junge Leute. Ich weiß, was du über solche Ansichten denkst, und ich sollte das hier wohl besser nicht wiederholen! Ich bin sehr froh, dass du nicht zu den älteren Menschen gehörst, die sich von der Wirtschaft und der Werbung ein schlechtes Gewissen einreden lassen; allzu viele ziehen sich diesen Schuh an, den sie eigentlich überhaupt nicht tragen müssten.

Du bist Teil einer Generation, die unglaublich viel geleistet hat, aber nicht so viel Aufhebens darum macht, wie es heutzutage üblich ist. Und ich glaube, du bist ganz froh, dass du dem Alter entwachsen bist, in dem man sich immer leistungswillig und leistungsfähig zeigen muss. Schon allein der Begriff »Leistung« macht viele ja blind für die Inhalte. Leistung als Selbstzweck? Da bleibt der Mensch auf der Strecke.

Ich weiß, wie wertvoll ältere Menschen sind, obwohl das ja eigentlich überhaupt keines Beweises bedarf. Du hast mich teilhaben lassen an deinen Erfahrungen und Erinnerungen. Ich habe viel von dir gelernt. Wenn das Wort »Leistung« einen Inhalt haben soll, dann gehört das doch wohl eher dazu als zum Beispiel die »Leistung« eines

Unternehmers, der erfolgreich den Gewinn seines Betriebes steigert – vielleicht auf Kosten zahlreicher Arbeitsplätze.

Durch dich, lieber Opa, habe ich verstanden, dass Leistung nur dann ihren Sinn hat und behält, wenn sie auf den Menschen bezogen ist. Lebens- und Leistungsfreude haben nur Bestand, wenn der Mensch nicht Schaden leidet. Ich hoffe sehr, dass ich das in meinem weiteren Leben nicht vergessen werde. Aber du wirst mich sicher daran erinnern, wie ich dich kenne, denn ich habe noch deine Klagen über die 17-Jährigen im Ohr, die alle schon an ihre Rente denken – eine furchtbare Vorstellung!

Ich hoffe, dass ihr alle an dieser Rede deutlich gesehen habt, welch reife Leistung mein Opa allein an mir vollbracht hat!

Noch viele Jahre Freude, Gesundheit und Glück mit denen, die du gern hast, das wünsche ich dir. Ich meine, du kannst dir das leisten!

Hochzeit und Hochzeitsjubiläen

Hochzeitsrede des Brautvaters (1)

Mein liebes Brautpaar, liebe Freunde!

Eigentlich sollten wir uns ja vergnügt die Hände reiben: Die letzte Tochter, das Nesthäkchen, ist seit heute verheiratet, und wir, meine Frau und ich, sind vieler Sorgen ledig – denke ich! Ab sofort kehrt wieder Ruhe im Haus ein. Keine laute Musik, keine Fernsehfilme, die ich nicht sehen will, keine Partys. Ab sofort müssen wir nicht mehr über verbeulte Kotflügel diskutieren, über alternative Lebensformen oder die Folgen der Globalisierung – und uns Rückständigkeit vorwerfen lassen.

Dennoch stimmt uns der Gedanke, dich, liebe Tochter, nun gewissermaßen herzugeben, aus unserer Obhut entlassen zu müssen, alles andere als froh. In mehr als tausend sehr abwechslungsreichen Wochen haben wir uns halt sehr an dich gewöhnt.

Ganz leicht haben wir es zwar nicht immer mit dir gehabt, und nachdem es uns nun gelungen ist, dich sozusagen rechtskräftig unter die Haube zu bringen, könnte ich ja – ohne Schaden anzurichten – ein wenig aus dem Nähkästchen plaudern; aber ich werde mich hüten! Hingegen fühle ich mich als alter Eheroutinier, der bereits die Silber-, die Perlen- und die Leinwandhochzeit feiern konnte, recht eigentlich verpflichtet, in meiner Eigenschaft als Brautvater euch einige gute Ratschläge, ein paar Erfolgsrezepte mit auf den Eheweg zu geben.

Hier aber erhebt sich die Frage: Gibt es solche Ratschläge oder Rezepte überhaupt? Lassen sich allgemeingültige Empfehlungen finden angesichts der unleugbaren Tatsache, dass jedes Ehepaar aus zwei einmaligen, unverwechselbaren Individuen besteht? Eines lässt sich allerdings wohl sagen: Ob eine Ehe gut geht oder nicht, ist nicht nur eine Frage des Schicksals oder der Umstände, sondern auch und vor allem eine des eigenen Bemühens. Ob ihr miteinander glücklich werdet, hängt in allererster Linie von euch selber ab, von eurem guten Willen, von eurer Rücksichtnahme, von eurer Bereitschaft zur Gemeinsamkeit.

Wir alle wünschen euch das Glück und die Zufriedenheit, um derentwillen ihr euch das Jawort gegeben habt.
    Und wir werden euch helfen, wann immer ihr uns braucht.

Hochzeitsrede des Brautvaters (2)

Liebe Kinder! Verehrte Gäste!

Für einen Brautvater ist dies sicherlich einer der schwersten Tage seines Lebens. Zuerst muss er seine Tochter hergeben und am Ende auch noch dafür bezahlen. Zu allem Übrigen soll er nun eine froh gestimmte Rede halten! Ist dies nicht alles ein wenig zu viel verlangt?

Aber Spaß beiseite! Liebe Tochter, lieber Schwiegersohn, zu eurer grünen Hochzeit darf ich euch unseren allerherzlichsten Glückwunsch aussprechen! Mögen Glück und Zufriedenheit euch stets auf eurem gemeinsamen Lebensweg begleiten. Und wenn auf Dauer sich noch ein kleiner Wohlstand dazugesellt, wäre das ganz sicher auch nicht verkehrt.

Zwei schöne gemeinsame Jahre liegen nun schon hinter euch, hoffentlich Zeit genug, euch gegenseitig kennenzulernen, euch zu akzeptieren mit allen Angewohnheiten, den guten wie den nicht so guten, und zu lernen, wie ihr am besten darauf reagiert, ohne den anderen zu verletzen. Und wenn man euch so ansieht oder euch zuhört, spürt man sehr schnell, dass ihr euch gut versteht, auch ohne viel zu reden. Ihr könnt mit der Gewissheit ins Eheleben starten, dass ihr mit dem vertrauten und verlässlichen Partner alle künftigen Probleme meistern werdet.

Ihr werdet euren Weg schon gehen! Diese Überzeugung ist es schließlich, die es einem geplagten Brautvater dann doch leicht macht, diesen Tag froh mitzufeiern.

Liebe Tochter, lieber Schwiegersohn! Dies ist ein schöner und ein wichtiger Tag in eurem gemeinsamen Leben. Lasst uns alle zusammen ein Glas darauf leeren. Mögen alle Wünsche, Hoffnungen und Träume, die ihr an diesem Tag habt, für euch in Erfüllung gehen!

Rede zur Doppelhochzeit zweier Brüder

Liebe Andrea, lieber Moritz!
Liebe Dorith, lieber Martin!
Liebe Elternpaare!
Sehr geehrte Gäste!

Eure Eltern, lieber Moritz und lieber Martin, haben wir zufällig einmal im Urlaub am Lago Maggiore kennengelernt. Seitdem sind viele, viele Jahre vergangen.

Zu eurer prächtigen Entwicklung konnte ich einen kleinen Beitrag leisten: Ich habe euch das Wasserskilaufen beigebracht. Ihr habt es schnell gelernt, sozusagen aus dem Stand. Heute könnt ihr es viel besser als ich. Euer Vater wollte es nicht versuchen. Eure Mutter hat wenigstens Trockenübungen gemacht. Emmi, für eine rasante Runde ist es nie zu spät. Im nächsten Urlaub bretterst du von Luino bis Laveno.

Ja, liebe Gäste, unsere Familien sind durch gemeinsame Ferienfreuden vertraut und verbunden, und wir haben miterlebt, wie sich die Jungs zu flotten Burschen entwickelten, umschwärmt und angehimmelt von den schönsten Mädchen aus vielen Nationen.

Eines Jahres sah ich dann ständig in eurer Begleitung zwei Prachtexemplare der Weiblichkeit. Ich konnte das gut beurteilen, denn – wie das am und auf dem Wasser so üblich ist – sie geizten nicht mit ihren Reizen. Und den Adlerblick fürs Wesentliche habe ich mir ja bis heute bewahrt. Ihr, Moritz und Martin, hattet sie an der Angel und ich sie bald an der Leine. Der Lago ist schön, noch schöner ist die Liebe, und am schönsten ist beides zusammen.

Und heute feiern wir in wunderbarer Atmosphäre eure riesengroße Doppelhochzeit. Freut euch, Moritz und Martin: besser unter der Haube als unter Wasser. Meine Frau und ich gratulieren euch und euren Eltern zu dieser zwiefach gebündelten Liebe ganz herzlich und wünschen euch, dass ihr viel erlebt und wenig erleidet – einfach eine rundherum glückliche Zukunft.

Für Reibereien, die in den besten Ehen nicht ausbleiben, habe ich ein spezielles Rezept: das Prinzip der geteilten Meinung. Wenn Frauen eine Meinung haben, sollen die Männer sie einfach teilen. In unserer Ehe hat das (fast) immer geklappt.

So, ihr Hochzeiter, nun seid fruchtbar und mehret euch bald, denn edle Menschen braucht das Land.

Allen Anwesenden wünsche ich noch einen schönen Abend. Ein so glänzender Rahmen und eine so illustre Gesellschaft beschwingen die Herzen, betören die Sinne und beflügeln den Geist.

Hochzeitsrede für die Tochter von Freunden

Liebe Corinna, lieber Axel, liebe Gastgeber, liebe Gäste,

wir sind von Flensburg an den Durbach gereist, um Hochzeit zu feiern. Gerne sind wir der Einladung gefolgt, denn der Familie Kempe sind wir seit Jahrzehnten verbunden. Am Fernsehturm in Stuttgart ging es 1970 los.

Jochen und ich haben zusammen Bücher geschrieben, in diesem Jahr beschäftigte uns ein neuer Duden, ein Sekretariatsduden; außerdem haben wir in ungezählten Seminaren Anfängern und Altgedienten gezeigt, wo es langgeht. Hier ist ein richtiges Aktivistennest, denn zwischen Prof. Kramer, Dr. Kador, Siegfried Klotzbücher, Jochen Schütte und dem Unternehmen Zilske gibt es ähnliche Kreuz- und Querverbindungen zum Wohle der Menschheit.

Ursel und Rösi haben alleine, ohne ihre Männer, in Rom, Neapel und auf Capri italienische Abenteuer erlebt, haben in den Alpen schwere Abfahrten bewältigt und – mehr oder weniger alkoholisiert – so manchen Hüttenzauber durch- und überstanden – unbeschadet an Leib und Seele.

So ist eine Freundschaft gewachsen – und Corinna auch. Aus einem niedlichen kleinen Mädchen ist eine wunderschöne junge Frau geworden, die heute einen sehr attraktiven Mann geheiratet hat. Ein Weilchen habt ihr euch gesucht, nun in Liebe gefunden, da spürt man Gottes Allmacht. Ein Brautpaar aus dem Bilderbuch sitzt vor uns. Corinna hat ein wunderbares Wesen – den Axel, und Axel hat ein wunderbares Wesen – die Corinna.

Das Paar ist glücklich, die Eltern sind glücklich, und die Gäste sind auch glücklich. Da brauchen wir die Frage »Ei, was haben wir denn davon?« nicht philosophisch zu zerbröseln. Wir haben heute und hier alles in der richtigen Rille, eine heile Welt, einen elysischen Zustand.

Damit es, liebe Corinna, lieber Axel, so bleibt, empfehle ich euch ein Krisenverhinderungsrezept: Es ist das Prinzip der geteilten Meinung – wenn einer eine Meinung hat, soll sie der andere teilen. Kleine verbale Weihrauchopfer bewirken eine große Beziehungsinnigkeit – mit Langzeitgarantie. Ansonsten: Seid fruchtbar und mehret euch.

Ich will Prof. Kramer nicht ins Handwerk pfuschen, doch für alle Gäste habe ich zum Schluss auch eine Empfehlung – als Unternehmensberater kann man es halt nicht lassen – nehmen Sie sich Sirach 14, 14 zu Herzen, da heißt es:

Versaget euch die Freuden des Augenblicks nicht, und verschmähet nicht euren Anteil am Genuss.

Heute ist Feiern angesagt. Corinna, Axel, auf euer Wohl! Seid mit der Gegenwart zufrieden – und voller Zuversicht für die Zukunft.

Rede eines Sohnes zur silbernen Hochzeit der Eltern

Sehr geehrte Damen und Herren,
liebe Freunde und Gäste,

ich bin das jüngste der Huth-Kinder, ich grüße Sie, ich grüße euch. Große Feiern mit meinen Eltern waren bisher eher selten, nun feiern sie innerhalb eines kurzen Zeitraums zum dritten Mal in diesem Rahmen. Sie haben erkannt: Feiern fördern die Freundschaft. Da muss die Altersweisheit zugeschlagen haben.

Der heutige Anlass ist der 25. Hochzeitstag meiner Eltern. Mein Vater hat ja schon ein paar Erklärungen und Rezepte artikuliert, wie sie es schafften, 25 Jahre verheiratet zu sein und es in Liebe zu bleiben.

Ich habe mir zum heutigen Anlass ein paar Gedanken gemacht:
1. Anfangen möchte ich mit meiner Oma und meinem Opa. Beide leben nicht mehr. Heute ist eine gute Gelegenheit, an sie zu denken und zu erwähnen, dass sie zwei prächtige Menschen waren. Sie verbrachten ihre Jahre zufrieden und dankbar und zogen sieben Töchter groß. Eine davon ist meine Mutter. Jetzt verstehe ich: Wer mit sechs Schwestern klarkam, schafft es auch mit einem Mann.
2. Solange ich denken kann, und das ist schon eine Weile der Fall, war mein Vater die Woche über auf Geschäftsreisen. Da bleiben also von den ca. 9 125 Ehetagen nur noch 2 700. Von diesen 2 700 Wochenendtagen saß er mindestens einen Tag in seinem Büro. Will sagen: Eigentlich sind meine Eltern noch in den Flitterwochen.
3. Jede Ehegemeinschaft braucht individuelle Regeln und Maßstäbe. Diese Maßstäbe entwickeln sich im Laufe gemeinsamer Jahre und lassen sich nicht auf andere Ehen übertragen. Meine Eltern sind ihren Vorstellungen vom Leben treu geblieben. Ihr Weg war nicht

immer leicht, manchmal steinig, sie haben aber alle Schwierigkeiten gemeistert. Durch Krieg und Vertreibung fehlte ihnen zunächst ein wirtschaftliches und gesellschaftliches Fundament. Sie haben sich die Basis hart erarbeitet. Heute sind sie in Deutschland und Italien integriert und haben in beiden Ländern feste Domizile. Als Krönung ihrer Lebensleistung betrachten sie aber ihre wohlgeratenen Kinder und Enkelkinder – bei unserer Schwester Kathie kündigt sich das erste schon an. Es wachsen glückliche Generationen heran. Wir wollen heute nicht nur eine silberne Hochzeit feiern, sondern erfolgreich gelebte 25 Jahre meiner Eltern.

Diese Zeit haben viele der Anwesenden von Anfang an begleitet. Andere sind im Laufe der Zeit hinzugekommen. Vertrauen und Vertrautheit sind die Säulen aller Beziehungen.

So wünsche ich euch, liebe Eltern, Kraft und Gesundheit, um alle eure Vorhaben zu realisieren. Uns allen wünsche ich noch viele Begegnungen dieser Art.

Rede zur silbernen Hochzeit von Freunden

Liebe Eva, lieber Michael,

herzlichen Glückwunsch zur silbernen Hochzeit. Euer wunderschönes Hochzeitsbild auf der Einladung, das nun 25 Jahre alt ist, strahlt Liebe und Glück aus. Das war der Start in eine gemeinsame Zukunft voller Pläne und Hoffnungen. Inzwischen ist ein Vierteljahrhundert vergangen, ihr seid euch und euren Idealen treu geblieben. Diese zweieinhalb Jahrzehnte wurden geprägt von Arbeit, Erfolg, Zufriedenheit und Zuversicht. Ihr seid zwar älter geworden, aber der Glanz in euren Gesichtern ist geblieben.

Eine Ehe ist kein ständiges Elysium, angefüllt mit praller Glückseligkeit. Zu den Erfahrungen eines langen Lebens gehört neben Heiterkeit auch Harm. Im Alltag gibt es Freude und Frust. Doch Liebende bewältigen jede Last.

Liebe Eva, lieber Michael, das ist euch immer gelungen. Eure Lebensleistung kann sich sehen lassen:
- Als Familie genießt ihr hohes Ansehen.
- Eure Kinder stellen etwas dar.
- Euer Hotel »Burgblick« ist beliebt und begehrt, ein Begriff im In- und Ausland.
- Im öffentlichen Bereich habt ihr viel bewirkt und bewegt.
- Ihr habt eine große Anzahl verlässlicher Freunde.

Wir gehören über 20 Jahre zu diesem Kreis, der inzwischen leider etwas kleiner geworden ist. Der Wind vertreibt den Rauch, die Zeit uns Menschen auch. Wir hoffen noch auf viele weitere Begegnungen in Breitscheid. Bei eurer großzügigen Gastlichkeit ist das Zusammensein immer ein gebündelter Genuss an Behaglichkeit und Gemütlichkeit. Dazu tragen eure Töchter Lena und Judith mit ihren Männern viel bei.

Liebe Eva, lieber Michael, wir wünschen euch und euren Lieben Glück, Gesundheit, Geborgenheit und gutes Gelingen aller Vorhaben. Allen Anwesenden wünschen wir noch viel Spaß am heutigen Abend. Am Schluss möchte ich mit Zustimmung aller Gäste anmerken: Eva und Michael, bei euch ist es schön im Sommer und im Winter.

Rede des Sohnes zur goldenen Hochzeit der Eltern

Liebe Eltern!

Ihr feiert heute das Jubiläum eurer fünfzigjährigen Ehe. 50 Jahre Ehe sind fünfzigmal 365 gemeinsame Tage mit allem, was dazugehört, mit ihren Höhen und Tiefen, Hoffnungen und Enttäuschungen, mit Freud und Leid. 50 Jahre Zusammenleben, das bedeutet: 18 262 Tage in Liebe vereint. Bedenke ich, wie schwirig es ist, einige Tage mit Freunden zusammen zu sein, ohne dass es zu gelegentlichen Reibereien kommt, dann gestehe ich: Das ist eine Leistung.

Natürlich, ohne Schrammen und Auseinandersetzungen konnte das nicht abgehen. Aber eure Liebe hat darunter nicht gelitten, wie ich es selbst bei vielen Erlebnissen mitbekommen habe und hier vor den Ohren eurer Freunde bezeugen möchte. Ihr habt den Spruch beherzigt, den Streit zu beenden, bevor die Sonne untergeht, und das Gute wahrzunehmen, wo es sich zeigt.

Zu den guten Ereignissen in eurem Leben zähle ich die Geburt eurer Kinder, die ihr euch so sehnlich gewünscht hattet. Ob wir drei wirklich euren Wünschen immer entsprochen haben, weiß ich nicht. Das lasse ich lieber offen. Aber wir alle waren Wunschkinder, wir merken es noch heute. Dafür möchten wir euch herzlich danken.

Dennoch blieben die Sorgen nicht aus. Wie könnte das auch anders sein? Krankheiten, und nicht nur solche, die man als Kinderkrankheiten bezeichnet, haben euch in Angst versetzt, auch die üblichen Schulprobleme suchten euch heim.

Der schlimmste Einschnitt war wohl damals, als ihr ganz kurz hintereinander nach einem Autounfall auf einer gemeinsamen Ferienreise eure beiden Eltern zu Grabe tragen musstet. Das hat dich, liebe

Mutter, ganz besonders mitgenommen. Lange noch hat euch dieses Ereignis seelisch zu schaffen gemacht.

Zu den schönen Seiten des Lebens, lieber Vater, gehörten sicherlich deine Erfolge im Beruf. Du hast das Ziel, das du dir gesteckt hattest, schließlich erreicht. Du bist zur Spitze vorgedrungen und hast dort mitgestalten können, was dir am Herzen lag!

Von euch beiden ist zu sagen: Jeder hat den Partner bekommen, den er gern wollte. Du, Vater, hast die Frau an deiner Seite, die mit dir gewachsen ist und in den gemeinsamen Jahren immer zu dir gehalten hat, wenn du glaubtest, du müsstest resignieren, weil die angestrebten Ziele in weite Ferne zu entschwinden schienen. Du, Mutter, darfst mit dem Lebenspartner zusammen sein, der ein großes Verständnis für deine vielen Interessen und Hobbys aufbringt. Und ihr beide konntet euch einen Freundeskreis schaffen, der sich, so glaube ich, sehen lassen kann. An den vielen Geschenken und Glückwünschen und an den fröhlichen Gesichtern am heutigen Abend ist das abzulesen.

Zu dem Wunderbaren eurer Ehe sind auch die Bereitschaft und der starke Wille zu zählen, gemeinsam älter zu werden. Eine gute Ehe, die unter dem Zeichen der lebenslangen Bindung geschlossen wurde, ist eben durch die Absicht geprägt, jederzeit zusammenzuhalten.

Liebe Freunde, bitte erhebt euch von euren Plätzen, ergreift eure Gläser und stoßt mit uns auf das Wohl unserer Eltern an!

Ein Freund der Familie zur goldenen Hochzeit

Liebe Helga, lieber Kurt!

Zuerst einmal herzlichen Dank, dass wir heute an eurem Ehrentag hier mit euch feiern dürfen. Gastlichkeit ist bei euch – von Beginn eurer Ehe an – stets großgeschrieben worden. Das hat wohl jeder von uns schon mehr als einmal erfahren. Diese Gastlichkeit, die bei euch beiden ganz spürbar von Herzen kommt, erinnert mich an die griechische Sage von Philemon und Baucis. Es gibt zwischen euch und diesem Paar etliche Parallelen, weshalb ich seine Geschichte kurz erzählen will:

Der Göttervater Zeus und sein Sohn Hermes, der Götterbote, wollten die Gastfreundschaft der Menschen auf der Erde testen. Deshalb wanderten sie, als Bedürftige verkleidet, durch viele Orte und baten um Essen und Unterkunft. Aber überall wurde ihnen die Tür vor der Nase zugeschlagen. Sie waren schon fast so weit, ihre Suche aufzugeben, als sie am Ende eines Dorfes einen letzten Versuch unternahmen. Dort wohnten Philemon und Baucis, die, wie ihr, schon früh geheiratet hatten und seither glücklich und auch in harten Zeiten zufrieden zusammenlebten. Diese beiden nahmen die Fremden auf, ohne viel zu fragen. Sie bewirteten sie mit allem, was sie zu bieten hatten, ohne an sich selbst zu denken.

In der Sage sind Philemon und Baucis das ärmste Paar des Ortes, was man von euch ja nun wirklich nicht sagen kann, aber ihre Herzlichkeit und Großzügigkeit findet man bei euch wieder. Der Sage nach hatte die Liebe zueinander Philemon und Baucis so offen und menschenfreundlich gemacht, dass sie in ihren eigenen vier Wänden leben konnten wie Diener und Herrscher zugleich, und weil sie selbst miteinander so zufrieden waren, konnten sie andere an ihrem

Glück teilhaben lassen. Bei euch ist es ähnlich, und ihr habt immer ein offenes Ohr für alle, die euch brauchen. Eure Tür steht allen offen und für jeden habt ihr einen warmen Platz für ein Pläuschchen oder Zeit für ein Glas Wein oder zwei. Das, was ihr füreinander pflegt, gebt ihr gemeinsam an uns weiter: das Gefühl von Ruhe und Geborgenheit in einer hektischen Zeit.

Dafür danken wir euch und wünschen, dass die Götter es mit euch ebenso gut meinen wie mit Philemon und Baucis, deren Wunsch nach dauerndem Zusammensein Zeus erfüllte. Er ließ sie am Ende ihres Lebens im gleichen Augenblick zu Bäumen werden: zu einer Eiche und zu einer Linde, die – so sagt die Legende – noch heute, mehr als tausend Jahre später, im Land Phrygien eng verschlungen dastehen als Symbol dafür, wie unzertrennlich Philemon und Baucis waren und wie fest sie zueinandergehalten hatten.

Bis es bei euch so weit ist, wollen wir aber noch viele Feste mit euch feiern, jedes so fröhlich wie dieses. Auf euer Wohl!

Kindergarten, Schule und Studium

Kindergarten, Schule und Studium

Rede zur Kindergarteneinweihung

Liebe Mütter und Väter und alle, die es noch werden wollen!

Auch ich möchte mich dem Dank meiner Vorredner anschließen, der vor allem auch Ihrer Eigeninitiative gilt. Denn ohne Ihren beharrlichen Durchsetzungswillen könnten wir heute keinen Kindergarten einweihen.

All diejenigen Väter und Mütter, die es geschafft haben, die behördlichen Auflagen zu erfüllen, haben den Boden dafür bereitet, dass die Kinder auch die Hürden des Lebens nehmen. Denn dieser Ort ist nicht nur ein Hort der Aufbewahrung, sondern die erste Station im Leben der Kinder, außerhalb der Familie zu lernen und soziales Verhalten einzuüben.

In meinen Dank schließe ich ganz besonders die alleinerziehenden Väter und Mütter mit ein, die sich die Messlatte der Verantwortung für das heranwachsende Leben besonders hoch gelegt haben. Ihnen gelten unser besonderer Respekt und unsere Fürsorge. Mit der gegenseitigen Achtung vor dem anderen leben wir unseren Kindern vor, was wir später von ihnen erwarten.

Allein die Tatsache, dass dieser Kindergarten sich ausschließlich nach den Bedürfnissen und Anliegen unserer Kinder richtet, spricht für sich. Besonders erwähnenswert finde ich, dass dieser Kindergarten den Gedanken der Nächstenliebe richtig interpretiert. Nämlich, dass er nicht konfessionell gebunden, sondern nach allen Seiten geöffnet ist. Er leistet damit einen wesentlichen Beitrag zur Völkerverständigung.

Das ist doch wirklich eine Feier wert und meinen herzlichen Glückwunsch!

Rede eines Vertreters des Elternbeirats zum Dienstjubiläum

Sehr verehrter Herr Direktor, sehr geehrter Jubilar, liebe Gäste!

He who can, does – he who cannot, teaches. So hat einmal George Bernard Shaw sich satirisch über die Tätigkeit oder vielleicht besser Untätigkeit der Lehrer geäußert – frei übersetzt: *Wer etwas kann, tut etwas – wer nichts kann, unterrichtet.*

Sicherlich kennt jeder von uns – und ich trete hoffentlich niemandem der Anwesenden damit auf die Füße – aus seiner eigenen Schulzeit den einen oder anderen Lehrer, auf den dieses böse Wort Shaws zutrifft. Und vor noch nicht allzu langer Zeit waren die Schule im Allgemeinen und das Gymnasium im Besonderen zweifellos insgesamt von einer gewissen Weltfremdheit gekennzeichnet, mit der gelegentlich sogar kokettiert wurde. Ich selbst kann mich noch gut an einen meiner Lehrer erinnern, der in seinen Unterrichtsstunden in regelmäßiger Wiederkehr die Schule als eine »Oase der Ruhe und des Friedens« pries.

Aber schon er hätte eigentlich wissen müssen – vielleicht ahnte er es auch schon –, dass die Schule niemals isoliert dasteht, sosehr sie auch auf den ersten Blick der Hektik des Alltags in der modernen Leistungsgesellschaft entzogen scheint. Denn diejenigen, die nun hauptsächlich die Schule bevölkern – die Schüler –, sind selbst ein Produkt ebenjener Welt und Gesellschaft, als deren fester Bestandteil sich jede Schule doch sehen sollte.

Dass aber diese Integration von Schule und Gesellschaft im Allgemeinen sowie Gymnasium und Gesellschaft im Besonderen gelingen kann, haben Sie, lieber Herr Becker, in den 25 Jahren Ihrer Tätigkeit eindrucksvoll unter Beweis gestellt. Vielleicht hat Ihre Fächerkombination Deutsch und Englisch, die aufgrund der enormen Korrekturbelastung alleine schon das üble Wort von den Lehrern als »faulen Säcken« widerlegt, jene Integration in besonderem Maße begünstigt, da die kommunikative Kompetenz für Sie nie ein bloßes Schlagwort, sondern stets ein Herzensanliegen war.

Und diese Kommunikation kann in einer zu einem *global village* schrumpfenden Welt keine rein deutsche, sondern nur eine interkulturelle Kommunikation sein. Dabei haben Sie stets das Gemeinsame von Mutter- und Fremdsprache betont und waren immer bemüht, der Fremdsprache das Fremde zu nehmen und über die Sprache hinaus den Fremden in seiner Andersartigkeit als Nahestehenden zu sehen.

Sie waren es, der ganz entscheidend den Schüleraustausch mit englischen und amerikanischen Schulen vorangetrieben hat, Sie waren es, der die Schüler ermuntert hat, die modernen Medien wie Internet und E-Mail auch zur englischsprachigen Kommunikation zu nutzen.

Und die leuchtenden Augen meiner eigenen Kinder nach ihrem von Ihnen, lieber Herr Becker, organisierten USA-Aufenthalt und deren Begeisterung über die erste E-Mail von einer amerikanischen Brieffreundin werde ich wohl nie vergessen.

Sie waren es auch, der als Deutschlehrer neue Wege ging und Besuche bei Werbe- und Nachrichtenagenturen wie auch Zeitungsredaktionen und Übersetzungsbüros sorgfältig vorbereitete und selbst mit ansteckendem Enthusiasmus durchführte. Sie machten den Schülern so in Schule und Arbeitswelt bewusst, welche Schlüsselfunktion der Kommunikation zukommt, aber auch welche Möglichkeiten zur Manipulation die Sprache bietet.

Ich verschweige nicht, dass ich bei Ihrem Unterricht manches Mal das Gefühl hatte, Sie verlangten zu viel von den Schülern; dass Sie Ihr fachliches Können und die hohen Maßstäbe, die Sie sich selbst setzten, auch zur Richtschnur für Ihre Schüler machten und diese damit überforderten.

Immer wieder jedoch bewiesen Sie auch, dass Ihr hoher Anspruch einherging mit einer ausgeprägten Fähigkeit zur Selbstkritik und, was vielleicht noch wichtiger ist, mit einem schon fast undeutschen Sinn für Humor, so als wollten Sie Mark Twain widerlegen, der ja einmal bissig gesagt hat, bei einem deutschen Witz gebe es nichts zu lachen. Manchmal frage ich mich, ob Sie jenen Spruch von George Bernard Shaw kannten, bevor Sie Ihr Lehramtsstudium aufnahmen. Möglicherweise hätte er Sie ja abgeschreckt, und Sie wären Journalist, Übersetzer oder Leiter einer großen Werbeagentur geworden.

Vielleicht aber waren Sie mit dem Spruch sehr wohl vertraut und sind angetreten, ihn quasi umzudrehen: *He who can, teaches – he who cannot, doesn't teach.* Frei übersetzt: *Wer etwas kann, unterrichtet – wer nichts kann, unterrichtet (eben) nicht.*

In diesem Sinne wünsche ich als Vertreter des Elternbeirats Ihnen, Herr Becker, weiterhin Energie und Schaffensfreude und spreche Ihnen im Namen aller Eltern und insbesondere der Eltern, deren Kinder Sie zu ebenso kritischen wie sprachgewandten jungen Menschen geformt haben, unseren Dank für Ihre hervorragende pädagogische Arbeit aus.

Kindergarten, Schule und Studium

Rede des Großvaters bei einer privaten Abiturfeier

Liebe Gäste!
Und vor allem: liebe Anita!

Du hast in den letzten Tagen schon viele Reden gehört oder auch hören müssen. Ich war ja an deinem großen Abend in der Schulaula dabei und weiß, dass diese Zeit viel zu aufregend für dich ist, als dass du Belehrungen von allen Seiten annehmen möchtest. Aber ein paar Dinge möchte ich dir heute noch sagen, und ich denke, es ist etwas anderes als das, was du bisher gehört hast.

Wie es sich für einen Großvater gehört, kenne ich dich schon dein ganzes Leben lang; umgekehrt kennst du mich natürlich fast genauso lange. Also wissen wir beide, was wir voneinander zu erwarten haben, jedenfalls keine klugen Sprüche. Aber ich weiß, ich weiß: Auch »Anekdötchen«, aus dem tiefen Fundus eines erfüllten Lebens gegriffen, können auf die Dauer ganz schön lästig fallen.

Deshalb sollen die merkwürdigen Ereignisse und seltsamen Begebenheiten heute beiseitebleiben. Ich erzähle dir stattdessen etwas Bemerkenswertes, was *nicht* passiert ist, nämlich das: Ich habe mich bis heute nicht gefragt, ob ich reif bin. »Reif oder nicht reif?« Kann ein Mensch sich das überhaupt sinnvoll fragen, es sei denn, er hat mit dem Leben abgeschlossen? Also möchte ich bei andern auch nicht, wie es so gerne getan wird, von Reife sprechen. Mir kam es immer so vor, als entwickelten sich Menschen nicht in festen, von außen gesetzten Bahnen, sozusagen »bis hierhin und nicht weiter«, sondern nach ihren eigenen inneren Gesetzen. Außerdem: Was heißt »reif«? Vielleicht nur reif für das Leben? Aber dafür bist du ja schon seit deiner Geburt reif, und jeder, der dich bereits als Baby kannte, weiß, dass du schon damals eine ganz eigene Persönlichkeit hattest.

Trotzdem bildet das Abitur natürlich einen Einschnitt, denn du wirst nun bald mit Menschen zusammenkommen und dich mit ihnen befreunden, die du jetzt noch gar nicht kennst. Du wirst vielleicht in eine andere Stadt ziehen, wirst in deinem Studium freier und deshalb wohl auch selbstständiger arbeiten als bisher, und ebendies ist die Bedeutung des Wortes »Abitur«.

Das ist für die, die zurückbleiben, wahrscheinlich eher schmerzlich als schön. Für dich, liebe Anita, bedeutet es vor allem Aufregung, Entdeckungsfreude und Freiheit. Aber ich weiß, dass sich bei dir in all diese Freude auch einige Wermutstropfen mischen: Das Neue ist noch nicht da und das Alte verlierst du. Und du fragst dich, ob es wohl ein guter Tausch sein wird. Diese Frage kann dir niemand beantworten, aber das ist ja auch das Spannende, dass man eben nicht schon genau weiß, was kommen wird.

So wünsche ich dir, Anita, dass du dich mutig in die Abenteuer stürzt, die da kommen mögen; dass du nach vorne schaust, nicht zurück, und dass du das Leben unvoreingenommen annimmst mit allem, was es dir zu bieten hat.

Als kleinen Mutmacher habe ich einige Zeilen aus einem Gedicht von Hermann Hesse ausgesucht, der sich besser ausdrückt als ich:

»Es muss das Herz bei jedem Lebensrufe
Bereit zum Abschied sein und Neubeginne,
Um sich in Tapferkeit und ohne Trauern
In andre, neue Bindungen zu geben.
Und jedem Anfang wohnt ein Zauber inne,
Der uns beschützt und der uns hilft zu leben.
[...]
Des Lebens Ruf an uns wird niemals enden ...
Wohlan denn, Herz, nimm Abschied und gesunde!«

Alles Gute und viel Glück!

Kindergarten, Schule und Studium

Rede zum Klassentreffen (1)

Liebe Freunde,

herzlich willkommen zu unserem Wiedersehen nach 20 Jahren!
 Einige von uns haben Fotos mitgebracht, sodass unserem Gedächtnis auf die Sprünge geholfen werden kann, wenn unser heutiges Aussehen so gar nicht mehr mit dem vor zwei Jahrzehnten übereinstimmt.

Vielleicht ist es euch in den ersten Sekunden unseres Wiedersehens auch so ergangen, dass ihr beim Anblick der ehemaligen Weggefährten gedacht habt: »Donnerwetter, die oder der ist aber alt geworden!« Dabei vergisst man, dass die anderen so ähnlich über einen selbst denken. Ist es nicht so? Besonders, wenn ich mich unter den Männern umschaue, stelle ich fest, dass ich nicht der Einzige bin, der Haare gelassen hat. Wie heißt es so schön zum Trost: »Da, wo die Haare weichen, machen sie dem Verstand Platz!«

Das aber sind Äußerlichkeiten. Wirklich gespannt bin ich, von jedem Einzelnen zu erfahren, wie sein Lebensweg verlaufen ist. Ich schlage daher vor, dass jeder von uns, so wie es früher auch in der Schule war, in alphabetischer Reihenfolge für etwa drei Minuten eine Kurzfassung seines Lebens wiedergibt. Dreimal dürft ihr raten, wer wohl anfängt.

Gegen 20:00 Uhr werden wir uns an einem Buffet laben. Danach werden wir Oldies auflegen und das Tanzbein wie zu alten Zeiten schwingen. Ich wünsche uns einen »bemerkenswerten« Tag und noch viele solcher Treffs.

Nun hast du, lieber Axel, das Wort.

Rede zum Klassentreffen (2)

Liebe Freundinnen und Freunde!
Liebe Klassenkameradinnen und Klassenkameraden!
Liebe Ehemalige!

Nach so vielen Anreden sind alle diese Anreden in der einen oder anderen Weise zutreffend. Und ob wir nun im Einzelnen Freundschaften untereinander bewahrt haben oder eben vielleicht doch nur Ehemalige sind, worauf es heute ankommt, das sind die Erinnerungen an viele gemeinsame Pennälerjahre.

Herzlich willkommen zu unserem Klassentreffen! 28 Ehemalige waren erreichbar und wurden telefonisch oder brieflich kontaktiert. 16 sind gekommen. Das sind 57,14 Prozent – politisch gesehen ist das ein Traumergebnis. Zwölf sind nicht gekommen, davon haben sich acht entschuldigt. Das sind 66,66 Prozent der Abwesenden – im Hinblick auf die Verbundenheit ein gutes Ergebnis. Vier haben sich nicht gerührt. Bezogen auf 28 Einladungen sind das 14,28 Prozent. Sie haben auf unsere Einladung nicht reagiert. Wir sollten das tolerieren und beim nächsten Mal einfach ignorieren. Wir versuchen es wieder.
    Insgesamt, so muss man sagen, haben wir wieder unser »Klassenziel« nicht ganz erreicht. Aber grämen müssen wir uns deswegen nicht.

Als Ehren- und besonders lieben Gast begrüße ich mit großer Freude unseren einmal energischen, dann wieder gutmütigen, jedoch stets engagierten langjährigen Begleiter unserer Schulzeit.
    Lieber Herr Ortner, dieser Formulierung werden alle zustimmen, wir haben viel bei Ihnen gelernt, das heißt, wer wollte, konnte viel lernen. Sie waren ein kompetenter Lotse in unseren Entwicklungs- und Entfaltungsjahren, weniger gefürchtet als geliebt. Es ist schön, dass

Sie bei uns sind. Sie sind inzwischen noch weiser und wir ein gutes Stück reifer geworden.

Danken möchte ich an dieser Stelle Roman und Ulrike, die unter hohem Zeitaufwand die Adressen ermittelt, alle angeschrieben und das Treffen organisiert haben. Ich wurde von ihnen zu dieser Begrüßungsrede verdonnert. Damit hatten sie nicht viel Mühe, ich habe mich nur ein bisschen geziert.

Seit unserem Abitur sind nun schon einige Jahre ins Land gezogen, und zum Teil haben wir uns fast aus den Augen verloren. Eigentlich wissen wir gar nicht so recht voneinander, was aus uns mittlerweile geworden ist. Wir haben uns deshalb gedacht, dass es ganz schön und interessant wäre zu erfahren, wies bei den Einzelnen nach der Prüfung weitergegangen ist. Ihr sollt daher jeder eine kurze, aber informative Rede halten, etwas von euch, aus eurem Leben erzählen. Ich habe die Reihenfolge der Informationen ein wenig strukturiert. Dann wird es leichter, geht schneller und befriedigt gezielt die Neugier. Eure Rede könnte folgende Punkte enthalten:

1. Name, wenn mittlerweile verheiratet
2. Mit wem verheiratet oder verbandelt?
3. Wo zu Hause?
4. Beruf
5. Kinder
6. Hobbys
7. Pläne

Anschließend berichten Roman und Ulrike, was die Fehlenden geschrieben bzw. gesagt haben. Wenn es recht ist, fange ich mit meiner 7-Punkte-Information an.

...

Nun waren alle dran. Jetzt sind wir uns wieder ein wenig bekannter, vertrauter geworden und haben eine Menge Gesprächsstoff. Ich wünsche euch ein klasse Klassentreffen.

(Worte des Gedenkens oder aktuelle Glückwünsche können an geeigneter Stelle – Trauriges, bevor es fröhlich wird – eingebaut werden.)

1. Beispiel:

Zwei aus unseren Reihen leben nicht mehr. Wir wollen sie uns in Erinnerung rufen. Es sind:
 ...
 ...

Ihr habt euch zum Gedenken von euren Plätzen erhoben. Ich danke euch.

2. Beispiel:

Katja, die Magistratsmitglied und Schöffin ist und auch noch weitere Ehrenämter innehat, wurde vor einigen Tagen mit dem Bundesverdienstkreuz ausgezeichnet. Herzlichen Glückwunsch, liebe Katja! Deine Auszeichnung strahlt auch ein wenig auf uns ab.

Dankrede einer Teilnehmerin

Ihr Lieben alle!

Ich hatte mit der Vorbereitung nichts am Hut, habe den Nachmittag nur genossen. Er war ein nostalgischer Jungbrunnen. Nun kehren wir zurück in die Realität. Früher haben wir miteinander, heute voneinander gelernt. Wir haben erfahren, wie man Karriere macht und wie man Krisen meistert.

Freundschaften wurden heute erneuert, Trennendes wurde überbrückt. Ich danke im Namen aller allen, die dieses Treffen organisiert und gestaltet haben. Es hat einmal mehr bewiesen, dass unsere Klassengemeinschaft auch über die Zeit hinweg Bestand hat. Deshalb freue ich mich auch auf unser Wiedersehen in zwei Jahren.

Rede zur Elternversammlung

Guten Abend, sehr geehrte Eltern!

Ich habe Sie heute aus einem sehr ernsten Grund zu einem außerordentlichen Treffen hierher gebeten und danke Ihnen für Ihr zahlreiches Erscheinen. In diesem Haus herrscht leider zurzeit der Vandalismus. Einige Jugendliche haben kürzlich das Mobiliar in einem der Aufenthaltsräume kurz und klein geschlagen. Außerdem habe ich in der Toilette ein gebrauchtes Heroinbesteck gefunden. Schließlich ist ein 16-jähriges Mädchen schwanger. Sie hat mir das anvertraut, will mir aber den Vater ihres Kindes nicht nennen. Ich vermute, es ist einer unserer Jugendlichen.

Ich weiß, dieses Jugendhaus müsste eigentlich »Brennpunkthaus« heißen. Es wurde vor vielen Jahren in einem Stadtteil errichtet, der damals noch nicht vermuten ließ, dass er zum Szenetreff für junge und alte Aussteiger, für Fixer und Junkies werden würde. In unser öffentliches Jugendhaus kommen leider nicht nur »harmlose Jugendliche«, die hier in Ruhe Billard oder Schach spielen oder einfach miteinander reden wollen. Hier geht stattdessen tagtäglich der Punk ab, wie es in der Jugendsprache heißt.
    Da wir personell völlig unterbesetzt sind, gibt es kaum die Möglichkeit, intensive Gespräche mit den Jugendlichen und insbesondere den Störenfrieden zu führen, um den Ausschreitungen so Einhalt zu gebieten. Solche Gespräche wären aber dringend nötig, denn die äußere Gewalt ist doch in vielen Fällen nur ein Zeichen verdrängter Probleme.

Ich kenne einige der Randalierer näher und weiß auch um ihr persönliches Umfeld. Ich weiß, dass es Eltern gibt, die diesen Namen überhaupt nicht verdienen, die sich viel zu wenig um ihre heranwachsenden Kinder kümmern. Aber wie dem auch sei, so wie jetzt kann es nicht weitergehen. Daher haben wir uns Folgendes ausgedacht: Jeden Tag abwechselnd kommt ein Elternteil hier ins Haus und arbeitet mit uns zusammen und sieht so, was hier abläuft. Vielleicht muss die oder der Betreffende auch erkennen, dass auch der eigene Sprössling unter den Randalierern ist.

Wir haben die Einstellung einer Familientherapeutin vor Ort durchsetzen können. Es gibt daher die Möglichkeit, ganztags mit dieser Frau zu reden, allein oder zusammen mit dem Partner und dem Sohn oder der Tochter. Ich bin Sozialarbeiter. Ich kann und will nicht tatenlos mit ansehen, wie hier viele junge Leute kaputtgemacht werden. Bei einigen zweifle ich, ob sie noch zu retten sind. Man kann seine Erziehungspflicht und Aufsichtspflicht nicht an den Nagel hängen wie einen alten Lumpen! Deshalb wollen wir auch den Eltern helfen, das aus dem Ruder geratene Verhältnis zu ihren eigenen Kindern wieder hinzubiegen.

Zum Schluss möchte ich Sie um Spenden bitten, damit das Mobiliar wieder ersetzt werden kann. Auch der CD-Player ist kaputt. Mit den wenigen städtischen Mitteln, über die wir verfügen, sind die Verluste leider nicht wieder zu ersetzen. Danke.

Antwortrede auf der Elternversammlung

Liebe Anwesende!

Auch wenn die Beschreibung der hier im Hause herrschenden Zustände ein wenig überspitzt sein mag, so ist der Vorschlag des Hausleiters, eine Art »Arbeitsgemeinschaft« zu gründen, letztlich nicht schlecht.

Die Anstellung einer Familientherapeutin halte ich für eine hervorragende Idee, denn Probleme mit unseren Kindern haben wir doch alle mehr oder weniger. Die Großstadt allein ist ja schon ein Problem, das täglich bewältigt werden muss. Der Verkehr, der Lärm, der Dreck, die Hetze, zu wenig Arbeitsplätze für die Jugendlichen und zu Hause Enge – ja, wo soll denn da die große Freundlichkeit herkommen? Es darf einen nicht wundern, wenn alles zusammen dazu führt, dass die jungen Leute über die Stränge schlagen und aus dem Rahmen fallen. Wenn man gerade auch an die berufliche Perspektivlosigkeit vieler Jugendlicher denkt, dann darf man sich schon gar nicht mehr wundern.

Da Menschen wie unser Hausleiter, die sich so einsetzen und nach Lösungen suchen, auch selten sind, sollten wir ihn im Interesse unserer Kinder und des Erhalts des Jugendhauses unterstützen. Danke.

Kindergarten, Schule und Studium

Rede auf einer Promotionsfeier

Liebe Oma Katharina, lieber Hans-Günther,
liebe Gäste und, vor allem,

mein lieber Jan,

heute ist ein froher, ein stolzer Tag! Aber sowohl für dich selbst, für mich als Mutter und auch für deinen Vater Hans-Günther, der heute wieder einmal bei uns ist, ist es außerdem ein erleichterter Tag! Dein langer Ausbildungsweg, den du so begeistert und diszipliniert gegangen bist, ist abgeschlossen – letzte Woche hast du die Approbation als Arzt erhalten, und vorgestern nun auch dein mündliches Examen zum Dr. med. erfolgreich absolviert.

Arzt sein, für Menschen da sein, ihnen beistehen, ihre gesundheitlichen Probleme erkennen und heilen, aber auch die häufig dahinter stehenden seelischen Nöte erspüren – das war schon immer deine Wunschvorstellung für deinen beruflichen Werdegang, schon als Schüler. Den ersten Schritt konntest du im Rahmen deines Zivildienstes in einem großen Pflegeheim tun, du konntest praktische Erfahrungen sammeln, mit dem Berufsalltag in der Pflege von kranken und leidenden Menschen und auch mit dir selbst. Ich weiß noch, du hast es als schwer empfunden, kamst oft mit Eindrücken nach Hause, die dich belasteten. Aber die tiefe Befriedigung, wenn du einem Patienten einen kleinen Moment der Zuwendung, der Erleichterung, der ganz praktischen Hilfe geben konntest, hat doch überwogen.

So nahmst du denn das Studium auf, gingst an die Universität und auch für einige Zeit an ein Krankenhaus im Ausland. Neben dem Studium hast du immer wieder in Krankenhäusern gejobbt, um dazuzuverdienen. Für dich war das aber immer noch mehr als ein Job, den man nur aus finanziellen Gründen annimmt.

Du hast dich dann in den verschiedenen Spezialgebieten umgeschaut, hast dich dann doch für das entschieden, was deinem »fürsorglichen« Naturell am besten entspricht. Du willst entgegen dem allgemeinen Trend als Allgemeinarzt auf dem Land praktizieren, zu meiner Freude sogar hier in unserem Landkreis. Nach einem verdienten Urlaub, der dich nun für einige Wochen in die Ferne zieht, wirst du bei Dr. Martens in die hausärztliche Praxis eintreten, um dort mehr und mehr Verantwortung zu übernehmen. Sie, lieber Herr Dr. Martens, möchte ich hier in unserem Kreis sehr herzlich begrüßen! Sie kennen Jan seit langen Jahren als unser Hausarzt, wenn er auch zum Glück recht selten ärztliche Hilfe brauchte, außer bei einigen Fußballblessuren. Sie wollen nun allmählich kürzertreten, und ich bin stolz und glücklich, und Jans Vater ist es auch, dass Sie sich für Jan als zunächst jüngeren Partner, dann als Nachfolger entschieden haben.

Eine Reihe von Menschen hier in unserer kleinen Stadt haben schon von dieser Entwicklung gehört, und einige haben mich in den letzten Tagen angesprochen und gesagt, sie freuen sich: dass uns die Praxis hier am Ort erhalten bleibt, dass Sie sie noch eine ganze Weile begleiten wollen und dass unser Jan für alle »der junge Doktor« sein wird.

Lieber Jan, zurück zu dir. Deine Eltern und deine Oma Katharina sind sehr stolz auf dich! Auf deinen akademischen Erfolg, aber fast noch mehr darauf, wie du bist und was dir wichtig ist im Leben. Bleib wie du bist, geh deinen Weg weiter, wir stehen immer hinter dir!

Liebe Gäste, Ihnen und euch allen vielen herzlichen Dank, dass so viele zu unserer Party gekommen sind und sich mitfreuen. Nun wollen wir alle anstoßen auf Dr. med. Jan Grote (meine Güte, wie sich das anhört!) – herzlichen Glückwunsch, lieber Jan!

Vereinsleben

Vereinsleben

Rede zur Mitgliederversammlung eines Sportvereins

Liebe Sportkameradinnen und -kameraden!

Seid alle herzlich willkommen zu unserer diesjährigen Mitgliederversammlung. Es ist schön, so viele bekannte Gesichter wiederzusehen und dadurch die Bestätigung zu erhalten, dass ihr unserem Verein die Treue bewahrt.

Ein Jahr ist um. Der Vorstand muss wieder einmal einen Rechenschaftsbericht vorlegen. Er tut das gern. Aber in diesem Jahr muss er euch doch auch einige Tatsachen mitteilen, die sicher nicht alle froh stimmen werden. Der Gesamtvorstand hat seinen Vorsitzenden beauftragt, die Probleme ganz allgemein auf der heutigen Mitgliederversammlung anzusprechen. Zu den einzelnen Sparten werden dann die jeweiligen Fachleute detaillierter Stellung nehmen.

Zunächst soll über das Gute des vergangenen Jahres berichtet werden. Unsere sportlichen Erfolge haben allgemein bei unseren Freunden Anerkennung gefunden und waren für unseren Verein vielversprechend. Aber ich mache keinen Hehl daraus, dass sich der Vorstand gerade bei den aktiven Herren- und Damenmannschaften noch mehr erhofft hatte. Immerhin – wir konnten unsere Plätze in der A- und B-Liga halten, wenn auch keinen Platz dazugewinnen.

Dafür waren die Leistungen unserer Mädchen und Jungen hervorragend. Die Platzierungen lagen weit über dem Ergebnis des Vorjahres. Das hat seinen Grund sicher darin, dass wir die Zusammenarbeit mit den Schulen noch aktiver betreiben als in der Vergangenheit. Ich will jedoch nicht vorgreifen, denn unser Sportwart wird Näheres hierzu berichten.

Nichts Gutes habe ich über unsere finanzielle Situation zu sagen. Infolge des Umbaus der Sportanlagen sind alle unsere finanziellen Polster, die wir uns im Laufe der vergangenen Jahre zugelegt haben, aufgebraucht. Wir haben die Entscheidung zur Renovierung der Sportanlage im letzten Jahr getroffen und müssen nun dazu stehen. Der Umbau hat viel mehr Geld gekostet, als wir zunächst dachten. Das kommt daher, dass wir unseren ursprünglichen Entwurf nachbessern mussten, als schon ein Teil des Umbaus fertig war. Das war zwar weitestgehend Schuld des Bauunternehmers. Ein Teil der Mehrkosten jedoch bleibt trotzdem an uns hängen. Aber zulasten unserer Aktiven und unseres Wettkampfprogramms darf der Umbau nicht gehen.

Die Kasse ist zwar leer, aber wir brauchen Geld, um unsere Bauschulden abzutragen, unsere Wettkämpfe durchzuführen, Trainer zu bestellen und Fahrtkostenzuschüsse gewähren zu können. Darum hat sich der Vorstand schweren Herzens dazu entschlossen, den Antrag auf eine Erhöhung der Mitgliedsbeiträge zu stellen. Ohne eine Erhöhung der Jahresbeiträge werden wir unser Defizit nicht ausgleichen können. Die Einzelheiten wird euch nachher unser Vereinsmitglied Daniel Wiegand erläutern. Er ist Wirtschaftsprüfer und kennt sich aus.

Da ich schon einmal beim Klagen bin, schließe ich einen weiteren Punkt an, der den Vorstand seit Langem beschäftigt. Ich tue das deshalb heute, weil ich endlich einmal wieder viele unserer jungen Mitglieder begrüßen kann. Seit Jahren haben wir bei Vorstandswahlen keine Bereitschaft bei unseren jüngeren Vereinsmitgliedern gefunden, Ämter zu übernehmen. Aber wir brauchen junge, engagierte Mitglieder für den Posten des Schriftführers, des Schatzmeisters, des Sportwarts und für die Bewältigung anderer Aufgaben. Ich spreche darum besonders unsere Jugend an. Bitte, kommt und stellt euch für diese Aufgaben zur Verfügung, sei es im Vorstand oder in den anderen Gremien, vom Festausschuss bis zur Betreuung unserer Kinder- und Jugendabteilungen.

Entnehmt meinen Worten bitte nicht, dass sich eine dramatische Situation anbahnt. Noch ist alles in Ordnung. Aber bei der nächsten Vorstandswahl, in der fast alle Positionen neu besetzt werden müssen, brauchen wir eure Bereitschaft, Verantwortung zu übernehmen. Engagiert euch und lasst den Verein nicht im Stich! Wir leugnen nicht, dass die Übernahme solcher Tätigkeiten Zeit kostet. Aber alle unsere Opfer kommen letztlich der guten Sache unseres Vereins zugute, den wir über uns hinaus für unsere Kinder und Kindeskinder erhalten wollen. Denn unser Sportverein gehört seit Jahrzehnten zu unserer Gemeinde wie der Gesangverein oder die Schule auch.

Macht euch klar: Dies ist auch euer Verein. Darum verschließt euch nicht, gebraucht euren Verstand und nehmt die Chance wahr!

Rede vor einem Seniorenklub

Liebe Freunde!

Im Spanischen heißen Menschen, die sich vom Arbeitsleben zurückziehen, Jubiladas – Jubilierende. Ist dies nicht eine schöne Umschreibung? In unseren Breiten sieht man im Ausscheiden aus dem Beruf nicht unbedingt einen Grund zum Jubeln. Wir nehmen eher mit einer gewissen Traurigkeit Abschied von der Arbeit und trauern dem allmorgendlichen Gang ins Geschäft nach, den wir nun nicht mehr zu gehen brauchen. In Spanien dagegen jubeln die Pensionäre. Sie sind dem Stress des Arbeitsalltags entronnen.

Als solche Jubilierende begrüße ich Sie heute hier in unserem Klub. Sie sind zum Teil schon einige Zeit bei uns und haben gesehen, was wir zu bieten haben. Doch freue ich mich, dass auf unseren Rundbrief hin eine ganze Reihe neuer Gesichter unter uns sind. Ihnen ein ganz besonders herzliches Willkommen! Sie werden erleben, dass wir kein Feierabendklub sind. Denn bei dem Wort Feierabend liegt der Ton viel zu sehr auf dem Ende. »Nun ist Feierabend, jetzt ist Schluss« wäre dann das Motto.
    Das eben wollen wir nicht. Wir sind ein Kreis aktiver Menschen des »troisième âge«, wie es in Frankreich heißt, also des dritten Lebensabschnitts. Wann dieser beginnt, ist individuell verschieden. Er selbst entscheidet, wann er zum »Jubilieren« bereit ist. Selbstverständlich können es auch die Umstände sein, die ihn dahin bringen.

Ich brauche nicht zu betonen, dass wir keine Partei oder parteiähnliche Organisation sind. Noch ist der Klub völlig lose organisiert. Aber das könnte sich mit der Zeit ändern, wenn er größer wird und einer strafferen Form bedürfen sollte.

Unser Ziel ist es, ältere Menschen aus ihrer Vereinzelung oder Einsamkeit herauszuholen und ihnen eine Abwechslung mindestens zweimal in der Woche zu bieten. Im Augenblick sind zwei Nachmittage und Abende – am Mittwoch und Freitag – für gemeinsame Unternehmungen vorgesehen. An diesen Tagen ist von 17 bis 22 Uhr, wie Sie wissen, hier im Restaurant eine Art Kommunikationszentrum geöffnet. Wir wollen miteinander reden, ein wenig trinken oder zu Abend essen, sofern jemand Lust dazu hat. Wer will, mag sich auch zu einer Partie Schach oder zum Kartenspiel einfinden. Da wir im Augenblick nur das zu bezahlen haben, was wir bestellen, liegt es an uns, uns diesen Raum zu erhalten. Denn wenn das Restaurant nicht auf seine Kosten kommen sollte, werden wir Miete zu entrichten haben.

Wir haben auch bereits angekündigt, dass wir einen Unkostenbeitrag von jedem eingeschriebenen Mitglied erbitten, denn wir möchten allmählich unabhängig werden und die entstehenden Kosten für Porto, Druck etc. durch diese Pauschale abdecken. Da wir alles auf freiwilliger Basis organisieren wollen, sind wir für jede Mithilfe bei unseren Veranstaltungen und auch für jeden Beitrag dankbar.

Wir werden mit unseren Bestrebungen nur Erfolg haben, wenn wir genügend Jubilierende sind. Bitte unterstützen Sie uns bei unseren Werbeaktivitäten und machen Sie uns bekannt. Wir sind aber nicht an Laufkundschaft interessiert, sondern suchen Menschen, die aktiv und kreativ unser Ziel mittragen. Täten das viele Menschen, könnten wir mit der Zeit unser Angebot erweitern.

Bitte, meine Damen und Herren, lassen Sie sich begeistern und begeistern Sie andere. Vielen Dank.

Begrüßungsrede zur Mitgliederversammlung einer Partei

Liebe Freundinnen und Freunde!

Unsere Mitgliederversammlung, zu der ich euch herzlich begrüße, gibt Anlass, Bilanz zu ziehen und Orientierungspunkte für die zukünftige Arbeit zu benennen.

Kommunalpolitisch liegen arbeitsreiche Jahre hinter uns, in denen wir als die Oppositionskraft erkennbar Akzente setzen konnten. Es hat sich gezeigt: Die Stadt braucht unsere Partei, sie braucht unseren kreativen und kompetenten Einsatz in schwieriger Zeit! Damit meine ich sowohl die Stadtratsarbeit als auch das Engagement unserer Vertreter in den städtischen Gremien. Etliche Erfolge haben wir in der Vergangenheit erzielt. So hat unser stetiges Werben für eine interkommunale Kooperation dazu geführt, dass die Vertreter der angesprochenen Städte und Gemeinden nach langen Jahren des Schweigens wieder ins Gespräch gekommen sind. Wir haben zudem das parlamentarische Engagement für eine städtische Beteiligung an der Erweiterung der Altenanlage kritisch begleitet. Hinzu kommen Initiativen in den Bereichen städtischer Jugend- und Tourismusförderung.

Der Schwerpunkt unserer Arbeit lag und liegt zweifelsohne in dem Bemühen um eine nachhaltige Haushaltskonsolidierung. Hier will ich daran erinnern: Wenn wir uns in diesem Rahmen gegen das ein oder andere Großprojekt aussprechen, so tun wir dies, um die Handlungsfähigkeit der Kommune und wichtige Projekte im Rahmen der Vereins- und Kulturförderung zu erhalten! Sparen ist für uns also kein Selbstzweck, sondern Ausdruck einer verbindlichen Verantwortung gerade auch für die nächsten Generationen. Im Gegensatz zu anderen Parteien haben wir deshalb frühzeitig konkrete Einsparpotenziale benannt. Bis heute stehen unsere Forderungen: vorerst kein weiterer

Ausbau öffentlicher Einrichtungen und insbesondere keine ruinöse Sanierung des alten Freibades! Denn der städtische Haushalt lässt in den kommenden Jahren keinerlei Spielräume für solch große Investitionen in Millionenhöhe.

Alle anderen Fraktionen hätten bereits vor Jahren die Finanzprobleme der Stadt im Blick haben können, als sie – anders als unsere Partei – trotz einer schwierigen Haushaltslage für den Neubau eines Hallenbades und anderer Großprojekte votiert haben. Unsere bereits damals klar formulierten Prognosen über eine sich verschärfende Haushaltslage werden gegenwärtig leider bestätigt. Wir fordern daher – ohne jeden Anflug von Rechthaberei – die Mehrheitsfraktionen des Parlaments auf, endlich die Auswirkungen ihrer verfehlten Ausgabenpolitik »auf Pump« zu korrigieren. Wir erwarten, dass endlich konkrete Konsequenzen gezogen werden!

Gleichwohl: Wir ducken uns angesichts der mit entsprechenden Entscheidungen verbundenen Härten nicht unter die Oppositionsbank, sondern wir stehen in diesem für die Stadt so wichtigen Prozess als Aktivposten jenseits des sogenannten bürgerlichen Bündnisses weiterhin für klar formulierte Gestaltungsvorschläge, für Konzepte, die deutlich benennen, was möglich ist und was nicht. Dazu gehört unsere eindeutige Absage an eine Neuverschuldung, nur um weiterhin finanziell nicht darstellbare Großprojekte zu realisieren. Wenn die finanzielle Situation, wie es zurzeit der Fall ist, sich mehr als dramatisch darstellt, kann es sich eine verantwortungsvolle Kommune nicht leisten, die gleichen Leistungen für ihre Bürger vorzuhalten, wie dies in besseren Zeiten möglich gewesen ist. Auch wenn es den Betroffenen besonders wehtut: Statt auf Kosten künftiger Generationen die Stadt unverantwortbar zu verschulden, müssen wir weg von einer »Vollkaskomentalität«!

Zu Recht fordern die Bürgerinnen und Bürger von der Politik Ehrlichkeit und Offenheit. Dazu gehört es, Realitäten klar zu benennen und auch unangenehme Wahrheiten auszusprechen. Ebenso ist die Politik in der Pflicht, Lösungswege aufzuzeigen. Unser Konzept stützt sich auf zwei Punkte: auf eine sparsame, aber auch sozial verantwortungsvolle Haushaltspolitik und auf das Modell einer neu belebten »Bürgergesellschaft«. Ein gesteigertes Bürgerengagement kann in Einzelfällen die Auswirkungen notwendiger Sparmaßnahmen auffangen und gleichzeitig die Identifikation mit der Stadt stärken. Auch wenn die Möglichkeiten der »Bürgergesellschaft« begrenzt sind und die Stadt hierdurch nicht aus ihrer Verantwortung entlassen werden soll, sehen wir in diesem Modell durchaus Entwicklungschancen. Dabei muss es uns um noch mehr gehen: Lasst uns werben für eine gesellschaftliche Verständigung über die wichtigsten Kernbereiche in unserer Kommune! Den dazu notwendigen Diskussionsprozess muss unsere Partei gerade mit dem heute zu wählenden Vorstand aktiv mitgestalten.

Benannt ist damit auch das zentrale Thema für unsere zukünftige Arbeit: die Neubestimmung kommunaler Handlungsfelder. Für uns stehen dabei auf der Agenda: Konzepte und Aktionen für eine kinder- und jugendfreundliche Stadt, »sanfter Tourismus« sowie die aktive Bürgerbeteiligung im Rahmen anstehender Neugestaltungen im Innenstadtbereich.

Auch dieser Blick in die Zukunft zeigt: Die Stadt braucht uns; sie braucht unser Engagement mehr denn je! Vielen Dank!

Rede zur Ehrung eines Vereinsmitglieds

Lieber Christian! Liebe Sangesfreunde!

Ja, so offiziell kann ich werden, wenn ich als Chorvorstand jemanden ehren soll. Doch was heißt hier jemanden? Dich wollen wir ehren, lieber Christian!

Auf den Tag 40 Jahre singst du nun im Liederkranz den ersten Bass. Als du hier anfingst zu singen, konnte ich gerade mal sprechen. Mein Wortschatz hat sich zwar seitdem kräftig erweitert, aber ich muss mich trotzdem ordentlich anstrengen, wenn ich eine Rede auf einen so großartigen Sangesbruder wie dich halten will.

40 Jahre immer dabei – da mag wohl, wenn man das zusammenrechnet, ein halbes Jahr Dauersingen herauskommen. Man stelle sich das vor: 40 Jahre – und kein bisschen heiser!

Christian ist so etwas wie der gute Geist des Liederkranzes. Nicht weil er immer wieder für geistvolle Getränke aus der eigenen Brennerei sorgt, sondern weil er mit allen gut kann und auch schon mal die Chorstunde in die Hand nimmt. Erinnern wir uns an damals, als unser Dirigent Karl-Heinz nach einem Autounfall fast ein Jahr lang ausfiel.

Nichts kann ihn beeindrucken, unseren Christian. Schon gar nicht die feinen Herren, die unseren Dorfkrug zu einer Nobelherberge umbauen wollten. Unseren Saal wären wir dann los gewesen. Christian, gar nicht faul und noch dazu damals Bürgermeister, setzte sich erst mit den Herren an den Tisch und soff sie einfach unter denselben. Dann setzte er sich durch und die Herren ins Taxi Richtung Stadt. Ein Hoch auf Christian – der Krug und wir bleiben »up ewig ungedeelt«!

Nun liegen hier neben mir auf dem Tisch etwas Flaches und ein Kästchen. Das Flache ist die Ehrenurkunde für dich, lieber Sangesbruder, und in dem Kästchen ist die goldene Ehrennadel. Lass sie dir ans Revers stecken! Nicht die Urkunde, die Nadel natürlich!

Christian ist wirklich »unser Christian«. Denn wir brauchen ihn nur mit seinem Hof, seiner Familie und seiner Sportschau zu teilen. Sonst ist er immer für uns da. Und das nicht nur als Sänger, sondern auch als Freund.

Und weil wir alle darin übereinstimmen, stimmen wir alle nun ein »Hoch soll er leben!« an. Aus voller Kehle! Und wenn die leer gesungen ist, füllen wir Flüssiges nach – auf dein Wohl!

Jubiläumsrede eines Feuerwehrkommandanten

Sehr geehrte Ehren- und Festgäste!
Liebe Kameradinnen und Kameraden!
Herzlich willkommen zu unserer Jubiläumsveranstaltung.

Heute ist ein Festtag für die freiwillige Feuerwehr unserer Gemeinde, aber auch für die gesamte Bevölkerung, denn ihre Feuerwehr feiert heute einen runden Geburtstag, sie feiert ihr 50-jähriges Bestehen.

Ich könnte jetzt die Chronik unserer Wehr verlesen und den derzeitigen technischen Standard aufzeigen, dazu verdiente Persönlichkeiten würdigen, die unsere Wehr im Laufe der Jahrzehnte geprägt oder gefördert haben. Das alles, meine Damen und Herren, können Sie ausführlich und bebildert in der Festschrift nachlesen. Auch die Namen der Autoren dieser Dokumentation sind darin der Nachwelt erhalten. Hervorheben möchte ich nur, dass wir seit 20 Jahren eine einsatzfreudige Jugendgruppe haben, der auch Mädchen angehören, die den Jungen an Können und Mut absolut ebenbürtig sind.

Ich habe zu danken:
- meinen Vorstandskameraden und allen Anderen, die besondere Verantwortung tragen,
- allen Mitgliedern, alt und jung, die in treuer Pflichterfüllung der Gemeinschaft dienen,
- allen Förderern, die uns finanziell unterstützen,
- der Gemeindevertretung und der Gemeindeverwaltung für die vertrauensvolle Zusammenarbeit (einige Mandatsträger sind als aktive Mitglieder uniformiert unter uns),

- befreundeten Organisationen und Verbänden – der Polizei, dem Technischen Hilfswerk, dem Roten Kreuz,
- und nicht zuletzt allen benachbarten Wehren – für die ausgezeichnete Zusammenarbeit und Verlässlichkeit bei gefährlichen Einsätzen.

Mein Dank gilt auch allen Wehren und Vereinen von hier und aus der Nachbarschaft, die mit uns feiern und uns durch Darbietungen informieren oder unterhalten und uns dadurch in die richtige Stimmung versetzen, ebenso allen offiziellen Repräsentanten der Parteien, Kommunen, Kirchen, Wirtschaft, überhaupt allen Menschen, die hier sind, sich mit uns verbunden fühlen und unserem Fest Bedeutung geben.

Einen ganz speziellen Dank, liebe Kameraden, sage ich unseren Frauen, die für unseren Dienst immer Verständnis und somit auch Anteil an unserer Ausbildung und Leistung haben. Diesem Dank folgt nun ein schlichtes Versprechen: Wir werden weiterhin Gesundheit und Leben aller Bürger, ihr Hab und Gut schützen und erhalten helfen, bergen und retten, soweit es in unserer Macht steht.

Damit wir dieses Versprechen halten können, appelliere ich an die Jugend, aktiv bei uns mitzuarbeiten, an alle aktiven Kameraden, weiterhin in treuer Feuerwehrkameradschaft zusammenzustehen, an alle Mitbürger, die Macht, Einfluss und Möglichkeiten haben, uns zu unterstützen, dies auch zu tun.

Und nun, meine Damen und Herren, bitte ich Sie, sich zu erheben. Wir wollen aller verstorbenen Kameraden gedenken; diejenigen, die ihr Leben im Einsatz geopfert haben, nenne ich namentlich:

…

(Hier kann getragen »Ich hatt' einen Kameraden« intoniert werden.)

Sie sind nicht mehr bei uns, aber im Geiste unter uns. Wir werden sie nie vergessen. Ich danke Ihnen, meine Damen und Herren.

Bei einer Festrede soll man sich nicht festreden, deshalb will ich uns allen nur noch einen harmonischen Verlauf unserer Jubiläumsfeier wünschen und den nächsten Programmpunkt ansagen.
   (*Variante:* ... und einer besonders angenehmen Pflicht nachkommen: Orden zu verleihen und Beförderungen auszusprechen.)

Dankrede für eine befreundete Wehr

Liebe Kameraden!
Meine Damen und Herren!

Im Programm sind noch weitere Redner angekündigt, deshalb fasse ich mich kurz.

Wir danken für die Einladung und sind gerne gekommen, um euch zu gratulieren, das Beste für die Zukunft zu wünschen, unser Geschenk zu überreichen, im Festzug mitzumarschieren und fröhlich mit euch zu feiern.

Das sind viele gute Gründe. Es gibt noch einen: In drei Jahren feiern wir unser eigenes Jubiläum. Vielleicht können wir euch einiges abgucken; haltet euch den Termin schon mal frei, denn wir rechnen fest mit eurer Mitwirkung.

Danken möchte ich euch bei der Gelegenheit für den stets kameradschaftlichen Umgang. Gemeinsame Einsätze verbinden uns. Ich weiß, dass wir uns auch in Zukunft aufeinander verlassen können. Eine leistungsfördernde Rivalität soll jedoch nicht verschwiegen werden. Jede Wehr möchte die modernste Ausstattung haben und den besten Ausbildungsstand aufweisen können. Vergleichswettkämpfe machen deshalb Spaß, spornen an, fördern das Wirgefühl und beweisen ihren Nutzen im Ernstfall.

Feuerwehrleuten ist Fairness eigen, das allein ist schon ein Grund zum Feiern. Dieser Wimpel soll eure Sammlung der Freundschaftsbeweise ergänzen und an diesen bedeutsamen Tag erinnern.

Bleibt uns, wie wir euch, gute Kameraden.

Rede eines Stadtrats zum Jubiläum des DRK

Meine sehr verehrten Damen und Herren,
liebe Gäste,

es ist viel Prominenz aus Neustadt und dem Umfeld anwesend. Nicht alle sind mir vertraut, jedenfalls nicht auf Anhieb, das kann sich heute Abend noch ändern.
    Gestatten Sie mir, alle Persönlichkeiten, die meist auf reservierten Plätzen sitzen und namentlich begrüßt werden, unisono mit »sehr verehrte Honoratioren« anzureden.
    Wer sich so nicht oder noch nicht angesprochen fühlt, möge »sehr verehrte Damen, sehr geehrte Herren« akzeptieren.
    Liebe Jugend, euch gilt ein besonderer Gruß; denn ihr sollt übernehmen und weiterführen, was eure Vorfahren und Vorbilder begonnen und erreicht haben. Eure Anwesenheit beweist, dass ihr dazu bereit seid.

Gerne wäre Bürgermeister Michael Liebherr heute gekommen, er ist mit einigen Stadträten mit der Feuerwehr unterwegs. Dieser Termin war seit Langem organisatorisch vorbereitet und festgelegt. Die Erste Stadträtin ist durch Krankheit verhindert. Beide lassen herzlich grüßen und wünschen der Veranstaltung einen guten Verlauf.
    Da den Spitzen des Magistrats eine Teilnahme nicht möglich war, bin ich als Stadtrat zu der Ehre und dem Vergnügen gekommen, herzliche Grüße und Glückwünsche zu Ihrer 50-jährigen Jubiläumsfeier zu überbringen: Meine Damen und Herren, der gesamte Magistrat dankt der DRK-Bereitschaft für die in 50 Jahren geleistete Arbeit.

Die Zukunft ist verlaufsoffen. Sie ist noch immer gekommen und wird es auch weiter tun. Wir wissen aber nicht, was sie bringt. Wie sie wird, liegt in Ihren Händen, denn wie man die Gegenwart gestaltet, so wird man die Zukunft erleben. Nicht jede Entscheidung ist richtig.

»Es irrt der Mensch, solang er strebt.« Misserfolge können der Dünger des Erfolgs sein. 50 Jahre Erfahrungen sind ein wertvolles Kapital. Jedes Ergebnis, so oder so, ist auch eine Erkenntnis. Beispielsweise ist das Gegenteil von falsch nicht immer richtig, das gilt auch umgekehrt.

Der Magistrat wünscht Ihnen für das nächste halbe Jahrhundert
- gutes Gelingen aller Vorhaben,
- den Blick für das Beste,
- Glück bei der Gestaltung,
- Bares zum Bezahlen,
- Zuversicht und Zufriedenheit.

Das Wertvollste an Ihnen ist nicht das Materielle, sondern das Ideelle, Ihr Dienst am Menschen: Ihre Hilfs-, Einsatz- und Opferbereitschaft.

Als der CVJM-Posaunenchor spielte, kam mir der Bibelspruch in den Sinn: »Was ihr dem Geringsten meiner Brüder tut, habt ihr mir getan.« Ich weiß, dass das DRK allen Menschen hilft, doch zu unserem Kulturkreis und dieser Feierstunde passt sicher dieser Spruch.

Ich denke in dieser Stunde auch an die Zusammenarbeit mit befreundeten Institutionen und Organisationen wie Feuerwehr, THW, Verkehrswacht, Polizei etc. Die Anwesenheit von Repräsentanten dieser Organisationen ist Ausdruck der Verbundenheit und des Dankes.

Die anschauliche Dokumentation der vergangenen 50 Jahre beweist, dass Sie, liebe Mitglieder, immer up to date waren, dass Sie die Technik beherrscht, aber auch physisch und psychisch alle Situationen gemeistert haben. Ihre menschlichen Qualitäten sind besonders eindrucksvoll. Bei oft dramatischen Einsätzen beweisen Sie stets vielseitiges Können und mentale Stärke. 50 Jahre Erfahrung sind ein wertvolles Kapital, Sie werden es im nächsten halben Jahrhundert durch weitere Erlebnisse und Erkenntnisse mit immer neuen hilfsbereiten Menschen und erweiterten Möglichkeiten mehren. Die Stadt steht an Ihrer Seite, sie wird nicht nur fordern, sondern auch nach Kräften fördern.

Es ist bekannt, dass ich Vorsitzender der Bürgerinitiative Pro Polizei bin. Wenn wir Sie bitten, uns bei einer Veranstaltung zu unterstützen, bringen Sie sich stets ein. Wenn alle Hilfsorganisationen ihre Möglichkeiten bündeln, kommt das der gesamten Bevölkerung zugute und trägt zum Erfolg städtischer Veranstaltungen bei.

Gemeinsame Veranstaltungen, auch Feiern dieser Art, sind immer Glanz fürs Gemüt, Gewinn für den Geist und Genuss für den Gaumen. Für uns alle gilt in mehrfacher Hinsicht: Der Natur liegt nur unser Dasein am Herzen, ums Wohlsein müssen wir uns selber kümmern. Der gemeinsame Dienst am Nächsten soll uns auch künftig verbinden.

Liebe DRK-Freunde, nochmals herzlichen Dank für die Einladung. Ein Onkel, der etwas mitbringt, ist besser als eine Tante, die Klavier spielt. Ich habe einen Umschlag dabei. Sie wissen, dass die Stadt wenig Geld hat, sie kann sich nur kleine Geschenke leisten. Wenn jemand im Namen der Stadt unterwegs ist, fährt die Armut mit. Das muss nicht so bleiben. Es kommen wieder bessere Zeiten. In diesem Sinne Ihnen allen noch schöne Stunden.

Ansprache für siegreiche Sportler

Freunde!

Man soll sich die Schwächen der Gegner nicht als Verdienst anrechnen, aber man kann sie zum Sieg nutzen. Wir haben es getan und gewonnen. Das kann zur Gewohnheit werden, wenn wir auch künftig
- intensiv trainieren,
- geschickt taktieren,
- uns respektieren

und vor allen Dingen kapieren, dass es leichter ist, Niederlagen zu verschulden als Siege zu verdienen. Wenn jeder seine Verantwortung spürt und sein Bestes gibt, werden wir unseren Platz in der Tabelle behaupten und ausbauen können.

Jetzt wollen wir uns freuen und feiern, aber wir flippen nicht aus und heben nicht ab, denn wir haben Format im Kampf und in der Kneipe.

In unserem Verein ist jeder Vorbild, deshalb bin ich so stolz auf euch. Lasst uns unser Lied singen.

VEREINSLEBEN

Ansprache für sieglose Sportler

Freunde!

Nur die Brauereien können sich auch über Niederlagen freuen, denn sie liefern Bier für Siegesfeiern und zum Wegspülen von Enttäuschungen. Wir gehören heute zu den Wegspülern.

Aber gute Verlierer gewinnen, diese Chance werden wir nicht verspielen. Dem heutigen Sieger gratulieren wir und kündigen für das nächste Mal einen Rollentausch an. Wir wissen, dass wir noch weiter an uns arbeiten müssen. Für den Augenblick aber soll gelten: Der Trost der Verlierer ist die Vorfreude auf den nächsten Sieg.

Rede für die Weihnachtsfeier eines Vereins

Liebe Vereinsfreunde!

In einem bekannten Weihnachtslied heißt es: »Alle Jahre wieder kommt das Christuskind auf die Erde nieder, wo wir Menschen sind.«
    In der zweiten Strophe wird dann weiter gesungen: »Kehrt mit seinem Segen ein in jedes Haus, geht auf allen Wegen mit uns ein und aus.«

In unserem Verein feiern wir alle Jahre wieder das Christfest. Alles freut sich in der Adventszeit auf dieses Ereignis, ganz besonders natürlich die Kinder, aber auch die Erwachsenen. Kein Fest ist so von Herzlichkeit und innerer Verbundenheit unter unseren Mitgliedern gekennzeichnet wie gerade diese Feier. Liegt das daran, dass wir alle ein wenig zurückdenken an die Zeit unserer Kindheit? Oder hat das vielleicht seinen Grund darin, dass unsere Weihnachtsfeier besonders durch das familiäre Zusammengehörigkeitsgefühl geprägt ist? Unser Verein ist nichts anderes als eine große Familie. Wir spüren das, wenn wir uns alljährlich um den Tannenbaum scharen und die alten Weihnachtslieder singen.
    Aber Weihnachten ist mehr als dieses Fest der Verbundenheit! Zu Weihnachten wird die Menschheit beschenkt durch die Christgeburt, so klang es ja auch in dem zitierten Lied an. Die Menschen erhalten den göttlichen Frieden. Wir sind freilich weit entfernt von einem Frieden auf Erden zwischen allen Völkern. Aber das Geschenk des göttlichen Friedens wird den Menschen in jedem Jahr wieder in Erinnerung gerufen. Daraus ist die Sitte entstanden, dass auch wir Menschen uns gegenseitig beschenken und kleine Aufmerksamkeiten austauschen.

Leider haben wir das Schenken als etwas missverstanden, was man zum Weihnachtsfest pflichtmäßig vornimmt. Nach dem Fest bleibt dann alles beim Alten. Aber man könnte sich auch vornehmen, es nicht bei diesem Zustand zu belassen. Man könnte den anderen aus freien Stücken beschenken, weil man ihm Liebe zeigen oder Verbundenheit mit ihm ausdrücken möchte. Unser Geschenk braucht nicht einmal einen materiellen Wert zu besitzen. Es reicht schon, dem anderen sein freundschaftliches Wohlwollen zuzusichern. So könnten wir es bei uns im Verein auch handhaben.

Indessen bin ich der Meinung, dass wir untereinander immer eine recht gute Kameradschaft gepflegt haben. Das lässt sich auch daran ablesen, dass wir in den letzten zwölf Monaten keinen Austritt zu verzeichnen hatten. Und das will bei einem Verein unserer Größe schon etwas heißen!

Heute lasst uns miteinander feiern und fröhlich sein. Draußen hat sich bereits der Weihnachtsmann angemeldet, und die Kinder sind schon ganz kribbelig. Die Erwachsenen vielleicht auch?

Ich habe mit dem alten Weihnachtslied »Alle Jahre wieder« begonnen. Ich schließe meine Ansprache mit einem noch älteren Lied, das besonders gern in der Adventszeit gesungen wird. Wieder einmal heißt es: »Macht hoch die Tür, die Tor macht weit! Es kommt der Herr der Herrlichkeit!«

Fröhliche und besinnliche Stunden uns allen!

Ansprache zum Empfang der Teilnehmer am internationalen Fahrturnier für Einspänner

Sehr geehrte Teilnehmerinnen und Teilnehmer,
liebe Gäste,
meine sehr geehrten Damen und Herren,

zum 17. Mal ist an diesem Wochenende die »Crème de la Crème« der Einspännerfahrer mit 29 Pony- und 35 Pferdegespannen in unserer schönen Oranierstadt Dillenburg zu Gast und wird drei Tage lang ihr beachtliches Können demonstrieren, um die »Krone des Einspänners« zu erringen. Neben Fahrerinnen und Fahrern aus der Schweiz, Frankreich, den Niederlanden, Belgien, Polen und Schweden sind auch erstmals Teilnehmer aus Dänemark hier in Dillenburg am Start.

Als Erste Stadträtin darf ich Sie heute Abend hier im Alten Reithaus des hessischen Landgestütes Dillenburg ganz herzlich begrüßen und willkommen heißen.

(Hier folgt die namentliche Begrüßung der Ehrengäste und Preisrichter.)

Namhafte Starterinnen und Starter stehen auf den Meldelisten. Die kombinierte Vielseitigkeitsprüfung mit Dressur-, Gelände- und Hindernisfahrt hat nicht nur ein hohes sportliches Niveau – sie ist einfach ein spektakuläres Ereignis, zumal Dillenburg in internationalen Fahrsportkreisen seit Beginn der Turnierserie einen ausgezeichneten Ruf genießt.

Nach dem Motto: »Erst die Arbeit, dann das Vergnügen« mussten sich heute Vormittag schon die 29 Ponygespanne den gestrengen Richtern stellen und nachmittags ihre Dressurrunden drehen. Morgen gehört der Paradeplatz des Landgestütes den 35 Pferden, die in der Dressur wichtige Punkte für die Kombiwertung eingefahren haben.

Mit dem Hindernisfahren am Sonntag auf dem Paradeplatz geht das diesjährige Einspänner-Fahrturnier dann in sein spannendes Finale. Hier kommt es auf jede Zehntelsekunde an. Die am Ende aus allen Prüfungen erzielten Punkte zeigen dann, wer sich die »Krone der Einspänner« in diesem Jahr hat »erfahren« können.

Es stehen uns also noch zwei spannende und hoffentlich für alle Teilnehmerinnen und Teilnehmer sowie auch für alle Zuschauerinnen und Zuschauer unterhaltsame Wettkampftage bevor.

Ich wünsche Ihnen viel Erfolg, keine Unfälle oder gar Verletzungen, und ich möchte es nicht versäumen, allen Helferinnen und Helfern seitens des hessischen Landgestütes, des Reit- und Fahrvereins Dillenburg und der Stadt Dillenburg herzlich zu danken. Sie haben wieder einmal mit Bravour hervorragende Bedingungen geschaffen, die, so hoffe ich, auch wettermäßig von Petrus unterstützt werden, damit dieses 17. internationale Fahrturnier für Einspänner ein positives und heiteres Sportereignis für Sie wird.

In diesem Sinne gratuliere ich schon einmal allen heute zu ehrenden Teilnehmern ganz herzlich zu ihrem Erfolg und wünsche Ihnen auch für die kommenden Wettkampftage alles Gute.

Da ja nach dem Wettkampf auch vor dem Wettkampf ist, würde ich mich sehr freuen, wenn wir Sie beim 18. internationalen Fahrturnier für Einspänner wieder hier in Dillenburg begrüßen könnten.

Zum Schluss bleibt mir noch, Ihnen einen vergnüglichen Abend zu wünschen! Morgen sehen wir uns auf dem Paradeplatz wieder.

Grußwort zum Tag der Vereine

Sehr geehrte Vereinsmitglieder,
liebe Mitbürgerinnen und Mitbürger,
verehrte Gäste,
meine sehr geehrten Damen und Herren,

der »Tag der Vereine« erlebt heute seine zweite Auflage. Schon der Probelauf im vergangenen Jahr, dessen Ergebnis ganz ausgezeichnet war, hat gezeigt: Die Entscheidung, für unsere Vereine eine gemeinsame Präsentationsplattform anzubieten, war richtig. Die Erfahrungen, die bei der Premiere gesammelt werden konnten, haben darüber hinaus auch ergeben, dass ein interessantes Rahmenprogramm viele Gäste anzulocken und zu begeistern vermag.

Am zweckmäßigsten ist es natürlich, wenn es möglichst allen recht gemacht wird. Dieser Einsicht folgend, haben sich die Organisatoren (AG Kaufleute) und Mitveranstalter (Stadt Altenburg) darum bemüht, in diesem Jahr das Unterhaltungsprogramm anzureichern. Wie sich bei Durchsicht des breit gefächerten Angebotes feststellen lässt, ist ihnen dieses Unterfangen ganz vorzüglich gelungen.

Über 40 heimische Vereine haben sich ins Zeug gelegt, um ihre Ideen und Initiativen vorzustellen, aber auch um gleichzeitig Unterhaltung und Kurzweil anzubieten. Ob Handwerkliches, Informatives, Musisches oder Kulinarisches – ich bin sicher, dass für jeden Geschmack etwas geboten wird. Das Programm kann sich wirklich sehen, hören und auch schmecken lassen. Wer etwas kaufen will, hat eine große Auswahl. Wer sich für Vorhaben einsetzen will, findet den passenden Verein.

Unsere Vereine bilden das Fundament des Orts- und Stadtlebens. Ohne ihre freiwillige Arbeit liefe auch in Altenburg und seinen Stadtteilen vieles nicht. Nutzen Sie die Gelegenheit, sich über Angebote und Aktivitäten unserer Vereine zu informieren. Außerdem können Sie auch in Ruhe durch unsere Geschäfte bummeln und bis 20 Uhr einkaufen.

Ich lade alle Bürgerinnen und Bürger, aber auch alle Gäste aus nah und fern, sehr herzlich ein, zum zweiten »Tag der Vereine« zu kommen und ein paar fröhliche und vergnügte Stunden zu verbringen.

Das Parken im Parkhaus und auf allen anderen Stellplätzen ist heute kostenfrei.

Herzlich willkommen also und viel Spaß!

Grußwort der Vereinsvorsitzenden zu den Badminton-Seniorenmeisterschaften

Liebe Freunde des Badmintonsports,

drei Tage steht die schmucke Muldetal-Halle im Zeichen der 12. deutschen Badminton-Seniorenmeisterschaften.

Wir sind stolz darauf, dass die rührige und aufwärtsstrebende Badmintonabteilung unseres Vereins mit der Ausrichtung dieser Meisterschaft betraut wurde.

Bereits in den beiden zurückliegenden Jahren war es den Verantwortlichen um und mit Abteilungsleiter Robert Seidel ein vorrangiges Anliegen, durch die Ausrichtung interessanter Veranstaltungen, wie hessische und süddeutsche Jugend- bzw. Schülermeisterschaften, den schönen Badmintonsport in unserem heimischen Raum populär zu machen. Ich hoffe, dass auch diese Veranstaltung ein weiterer wesentlicher Beitrag zur Aktivierung sein wird und sich hierdurch neue Impulse für die Badmintonfreunde ergeben.

Allen Aktiven, Mitwirkenden und Gästen entbiete ich herzliche Grüße, verbunden mit dem Wunsch, dass diese deutschen Seniorenmeisterschaften bei allen Beteiligten einen nachhaltigen Eindruck hinterlassen und zu einem bleibenden Erlebnis werden.

Verbinden möchte ich dieses Grußwort mit einem aufrichtigen Dankeschön an alle Helfer sowie an die heimischen Firmen aus Industrie, Handel und Wirtschaft, die durch ihre Unterstützung einen wesentlichen Beitrag zur Durchführung dieses sportlichen Höhepunktes geleistet haben.

Der Veranstaltung wünsche ich einen guten Verlauf und den Aktiven einen fairen und erfolgreichen Wettkampf.

Öffentliche Anlässe

Öffentliche Anlässe

Rede des Hausherrn zur Hauseinweihung

Liebe Freunde!

Habt alle zunächst herzlichen Dank, dass ihr gekommen seid. Gabi und ich freuen uns über eure Anwesenheit, natürlich auch über die vielen bunten Blumensträuße und die nützlichen Mitbringsel zum Essen, Trinken und für den Garten, die ihr zur Einweihungsfeier mitgebracht habt.

Herzlich begrüßen möchte ich in unserer Runde auch Gabis Patenonkel, der den weiten Weg aus Süddeutschland herauf zu uns Nordlichtern gefunden hat, um bei diesem Fest dabei zu sein. Danke, lieber Onkel Karl, für diese Geste der Verbundenheit. Hoffentlich gefällt dir unsere neue Behausung. Schließlich hast gerade du mit den Ausschlag gegeben, dass wir uns entschlossen haben, als Nichtfachleute und obendrein mit linken Händen begabt, diesen Schritt zum Eigenheim zu tun. Du hast uns den ersten Entwurf, der unseren Einkommensverhältnissen entsprechen sollte, gezeichnet.

Hier und vor euch allen möchte ich ein großes Dankeschön meiner Gabi sagen; ohne sie hätte ich niemals diesen schweren Schritt zu den eigenen vier Wänden gewagt. Denn das ist schon ein Abenteuer, wie viele von euch am eigenen Leib erfahren haben. Gabi hat mir immer wieder Mut gemacht, wenn ich dachte, wir schaffen es finanziell doch nicht. Sie hat die Pläne mitgestaltet. Sie hat die endgültige Größe und Lage der Zimmer bestimmt, die Kacheln ausgesucht, die Farben festgelegt und alles mit den Handwerkern besprochen. Sie war ständig auf der Baustelle zu finden.

Ich konnte nur aus der Ferne Rat erteilen. Manch ein Nachbar hat sicher gedacht: Gibt es den Mann überhaupt? Aber ihr wisst, ich musste gerade zu dieser Zeit geschäftlich nach Japan und konnte mich wirklich um gar nichts kümmern. Und obwohl ich weiß, was für eine patente Frau meine Gabi ist, habe ich mir in der Ferne doch oft Sorgen gemacht, ob sie allein mit alledem fertig werden würde. Heute aber kann ich nicht anders als mich freuen, dass alles so geworden ist, wie es jetzt vor uns steht. In den Sprüchen Salomos heißt es: »Durch weise Frauen wird das Haus erbaut.« Dieses Wort habe ich gerne beherzigt. Ihr werdet sehen: Ich tat gut daran!

Euch allen möchte ich noch einmal in besonderer Weise meinen Dank sagen. Denn durch euer Verständnis sind keine Risse in unsere Freundschaft gekommen. Über Monate hinweg haben wir keine Einladungen aussprechen können. Doch heute sollt ihr entschädigt werden. Mögen euch die aufgetischten Speisen und Getränke gut bekommen! – Das Haus steht euch zur Besichtigung offen. In diesem Sinne:

> Seid willkommen, liebe Gäste,
> in diesem Haus zum frohen Feste!
> Erhebt das Glas! Es soll euch munden.
> Habt Dank, dass ihr euch eingefunden!

Öffentliche Anlässe

Rede für einen Dachdecker

Liebe Gäste,

jetzt komme ich zu einem Menschen, der als absolut schwindelfrei gilt.

Gleichzeitig ist er ein Luftikus und doch kein Traumtänzer, obwohl er sich zwischen Himmel und Erde bewegt. Er wird in der Regel nach dem Richtfest tätig und arbeitet ohne Netz und doppelten Boden. Er ist derjenige, der einem ein Dach über dem Kopf gibt.

Nun wissen Sie, von wem ich rede – unserem Dachdeckermeister, Herrn Rademacher. Wenn anlässlich des Richtfestes beim Hausbau alle geehrt werden, geht er meistens leer aus, weil er noch nicht tätig gewesen ist.

Das will ich nachholen, denn seine Arbeit ist nicht nur von der Tätigkeit her ganz oben angesiedelt, sondern auch von der Wichtigkeit. Spätestens dann, wenn ein Dach undicht wird, merken wir, dass die gesamte Substanz eines Hauses gefährdet ist.

Mit anderen Worten ausgedrückt: Das sorgfältige Eindecken eines Daches und der stetig wachsame Blick des Eigentümers auf sein Dach gewährleisten, dass der Werterhalt des Besitzes gesichert bleibt.

Das ist Grund genug, Ihnen, Herr Rademacher, zu danken und Ihnen nach jedem Höhenflug eine allzeit sichere Landung zu wünschen.

Rede zur Verabschiedung des Pfarrers

Liebe Frau Zapf, lieber Herr Zapf!
Meine Damen und Herren!

Endlich ist es so weit! Ich sage das nicht aus der Perspektive unserer Gemeinde. Es ist Ihr eigener Stoßseufzer, Herr Zapf, angesichts des nahenden Ruhestands und der bestechenden Möglichkeit, denselben in einen Unruhestand zu verwandeln. Die pastorale Sechzigstundenwoche bot bislang reichlich wenig Freiräume für einen Menschen mit so vielen Interessen und Liebhabereien, wie Sie es sind.

Fast 30 Jahre lang waren Sie in dieser Gemeinde unterwegs – ein eher klein gewachsener Mann in Hut und Mantel mit leicht federndem, fast beschwingtem Schritt und mit einem freundlichen, gewinnenden Lächeln, das stets zu einem Gespräch einzuladen schien. Wenn es einen Nenner für Ihr Dasein gibt, dann, dass Sie stets unterwegs sind sowohl in den Straßen unserer Gemeinde und geleitet von Ihrem Adressenverzeichnis als auch auf den Pfaden des Geistes, geführt von den Büchern Ihrer stets wachsenden Bibliothek.

»Herr Zapf scheint«, so ein früherer Kollege von Ihnen, »von seinem Schöpfer die Gabe der Allgegenwart mitbekommen zu haben. Mir kommt er oft vor wie ein unwiderstehlicher Handlungsreisender Gottes.« Ihr quirliger Einfallsreichtum, mit dem Sie Mitarbeiter und Kirchengemeinderat zu überraschen wussten, wird uns ebenso fehlen wie die aufmunternde, liebenswürdige Überredungskunst, mit der Sie uns die Ausführung Ihrer Einfälle anvertrauten. Ein jeder wuchert eben mit seinen Talenten, und zu den Ihren gehört es, die Talente anderer zum Wuchern zu bringen.

Die Kirche hat Sie also nun pensioniert. Nur, so frage ich mich, wer wird Frau Zapf pensionieren? Auch Sie, verehrte Frau Zapf, zeichnen eine gewisse Allgegenwart und rastlose Tätigkeit aus, die zu den tragenden Elementen unserer Gemeinde gehörten. Mir scheint, lieber Herr Zapf, es soll eine Ihrer letzten Amtshandlungen sein, Ihre Frau zu pensionieren. Wie kann das geschehen? Nun, ich meine weniger durch Entlassung als durch Entlastung.

Von einer ideenreichen Neuorganisation Ihres Haushalts würde ich freilich abraten. Stattdessen könnten Sie Ihre bislang leicht vernachlässigten praktischen Fähigkeiten erblühen lassen. Ich schlage vor, Sie fangen mit ein paar einfachen Tätigkeiten an. Dazu sei Ihnen dieses Staubtuch überreicht. Sie können nach dieser Lektion dann zu fortgeschritteneren Tätigkeiten übergehen. Ich denke da ans Staubsaugen oder Abtrocknen.

Aber auch zu derlei Aufgaben gehört die angemessene Berufskleidung. In so vielen Dienstjahren haben Sie sich an den Talar gewöhnt. Mögen Ihnen viele Jahre beschert sein, um sich an die Schürze zu gewöhnen! Schließlich aber, um den häuslichen Frieden zu fördern und Ihrer Frau ein wenig Ruhe angesichts Ihrer bevorstehenden unbändigen Aktivitäten zu gönnen, überreiche ich Ihnen im Namen des Kirchengemeinderats diese fünfbändige Kunstgeschichte.

Es gibt, wie Sie sehen, »vielseitige« Beschäftigungen auf den verschiedensten Feldern. Ich wünsche Ihnen beiden reichlich Muße, die neu gewonnene Freiheit auszukosten, und dabei Gottes Segen.

Rede zur Amtseinführung eines neuen Pfarrers

Herr Dekan!
Liebe Gemeindemitglieder!
Meine Damen und Herren!

Im Namen des Pfarrgemeinderats heiße ich Sie herzlich willkommen zu diesem festlichen Anlass. Durch Ihre Anwesenheit geben Sie der offiziellen Einführung unseres neuen Pfarrers einen würdigen Rahmen. Es ist schön, dass unsere Kirche bis auf den letzten Platz besetzt ist, obwohl heute ja nicht Weihnachten ist.

Lieber Herr Pfarrer! Sie sehen, schon zu Beginn Ihrer Tätigkeit haben Sie viel bewegt und bewirkt. Nehmen Sie diesen Anfang als ein gutes Omen. Wir freuen uns, dass Sie uns Ihre Dienste angeboten und wir uns für Sie entschieden haben. Wir wünschen Ihnen persönlich und für Ihre Arbeit Gottes Segen.

Wir freuen uns auch, dass Ihre Frau und Ihre beiden Kinder, die wir auch ganz herzlich willkommen heißen, Sie bei Ihrer Tätigkeit unterstützen werden.

Erlauben Sie mir einige Worte zu Ihrer Person: Ihr beeindruckender Werdegang wurde ja schon in den Lokalzeitungen geschildert, deshalb will ich nur die letzten sechs Jahre, die Sie in Ansbach verbrachten, aufgreifen. Man hat Sie ungern gehen lassen, das zeigte sich auch in der großartigen Abschiedsfeier. Sie waren sehr beliebt bei der gesamten Bevölkerung durch Ihre Volkstümlichkeit, Jugendarbeit, Kranken- und Altenbetreuung, durch Ihre musikalische und sportliche Betätigung. Die aktiven Mitglieder der Gemeinde schätzten Ihre Glaubensfestigkeit, die Art der Verkündung und die persönliche Seelsorge. Abgerundet und ergänzt wurde Ihr Wirken durch den Einsatz Ihrer

Frau, speziell bei betreuenden Aufgaben im sozialen Bereich sowie in der Frauen- und Jugendarbeit.

Ihren Kindern, die sich sportlich und musisch in der Schule und in Vereinen hervorgetan haben, fiel der Abschied von Ansbach besonders schwer. Aber hier bei uns gibt es auch viele – wenn nicht noch mehr – Möglichkeiten, Hobbys nachzugehen und Freundschaften zu schließen.

Ihr Vorgänger hat in unserer Gemeinde gute Arbeit geleistet, die bei anderer Gelegenheit gewürdigt wurde. Sie werden manches fortsetzen, aber auch neue Akzente setzen.

In unserer pluralistischen Gesellschaft gibt es viele Standpunkte und Strömungen, auch manche Seltsamkeiten und Schwierigkeiten, die nur mit Geduld und Toleranz zu meistern sind. Herr Pfarrer, Sie übernehmen hier Aufgaben, die nicht immer leicht sind, aber auch keine Langeweile aufkommen lassen.

Sie sind ein erfahrener Seelsorger, und Ihnen zur Seite stehen glaubensstarke und lebenserfahrene Männer und Frauen, engagierte Jugendliche, ein Kreis vielseitig gepräger Christen. In der Bibel heißt es: »Suchet der Stadt Bestes.« Das wollen wir gemeinsam tun. Wir werden uns stützen und ergänzen, wir werden, wenn es sein muss, um richtige Entscheidungen ringen, uns aber stets aufeinander verlassen können.

Vertrauen zueinander soll unser festes Band sein, unser Glaube Kraftquelle und Gottes Fügung Wegweiser. Sein Segen möge unser Tun begleiten, uns trösten, wenn wir traurig sind, uns ermuntern, wenn wir schwach werden, uns versöhnen, wenn wir streiten. Wir wollen so arbeiten und dienen, dass wir sagen können: »Der Herr hat Großes an uns getan, des sind wir fröhlich.«

Rede zum Tag der offenen Tür

Liebe Eltern! Liebe Gäste!

Es freut mich, dass Sie zu unserem diesjährigen Tag der offenen Tür gekommen sind. Wie in jedem Jahr verbinden wir diesen Tag mit einem Sommerfest und einer Tombola. Der Erlös der Tombola wie auch die Einnahmen, die wir hoffentlich durch den Verkauf von Kaffee und Kuchen, von Grillwürstchen und kalten Getränken erzielen werden, sind für Anschaffungen der »Lebenshilfe« gedacht.

Wir haben für dieses Jahr den Ankauf eines neuen Computers mit Spezialtastatur geplant. Selbstverständlich nehmen wir auch gerne die eine oder andere Spende entgegen. Sie wissen ja, dass wir diese quittieren und Sie diesen Betrag steuerlich absetzen können. So weit dies.

Nun aber zum Eigentlichen. Ich schlage zunächst eine Besichtigung unserer Werkstätten vor, damit Sie sich ein Bild von dem machen können, was Menschen, die von der Gesellschaft als »behindert« bezeichnet werden, alles leisten und vollbringen können. Es bedarf zu diesen Arbeiten anderer Geräte, und es muss auch ein bisschen mehr Zeit investiert werden, als es sonst üblich ist.

Unser Credo heißt deshalb nicht »Wachstum«, sondern »Geduld«. Geduld ist ein Begriff, den sich auch viele Menschen außerhalb unserer »Beschützenden Werkstätten« zu eigen machen sollten! Zur Geduld geben wir eine Prise Humor und würzen dies alles mit einer großzügigen und individuellen Portion Liebe und Verständnis. Denn, meine Damen und Herren, für uns gibt es ihn nicht, den Behinderten!

In diesem gesellschaftlich geprägten, lieblosen Sammelbegriff geht die Individualität des Einzelnen völlig verloren. Jeder unserer Schützlinge hat sein eigenes Schicksal. Wir bauen auf den vorhandenen Möglichkeiten auf und trainieren dort mit aller Behutsamkeit, wo Fortschritte absehbar und erreichbar sind.

In unserer maschinisierten Industriegesellschaft scheint es nicht der Rede wert, wenn ein Mensch seine zehn Finger bewegen kann. Es ist nur der Rede wert, wenn er sie besonders schnell, besonders geschickt oder eben überhaupt nicht bewegen kann. Wir hier denken in völlig anderen Kategorien, die zeigen, dass Leben etwas ganz anderes, etwas weitaus Vielfältigeres, Kostbareres ist, als es »draußen« oft scheinen will: Jeder einzelne Muskel, der wieder in Gang gesetzt werden kann, ist ein riesiges Erfolgserlebnis, ein »Ganzheitserlebnis«. Alle sind begeistert, dass zum Beispiel Tamara, die ohne Arme zur Welt kam und wegen Sauerstoffmangels bei der Geburt eine leichte geistige Beeinträchtigung hat, sich jetzt mit dem Spezialstift, der an ihrer Stirn angebracht wird, auf dem Computer ausdrücken kann.

Wir haben festgestellt, dass Tamara viel lernfähiger ist, als es in der Klinik vermutet worden war. Dies ist nur ein Beispiel von ungezählten. Tamara ist ein fröhliches Kind, lacht, ist vergnügt.

Jetzt möchte ich Sie einladen, die Werkstätten zu besichtigen und mit denen, die hier arbeiten, ins Gespräch zu kommen. Sie werden im Verlauf dieses Wochenendes überrascht sein, welche Lebensfreude Sie hier beobachten können, und damit wird dann auch hoffentlich manches Vorurteil über Bord geworfen.

Vielen Dank für Ihre Aufmerksamkeit!

Antwortrede

Sehr geehrter Herr Michaelsen!
Vielen Dank für Ihre einfühlsamen Worte.

Sie haben die eine oder andere Wunde berührt, ohne zu verletzen. Im Zeitalter eines allseits zu beobachtenden Hangs zur »Perfektion« stellt eben der »unperfekte« Mensch, der mit einem Handicap zur Welt kam, für manche Familie eine große seelische Belastung dar. Es ist uns bekannt, dass Familien deswegen auch schon zerbrochen sind.
 Sie haben recht, es ist vor allem Demut, die wir Eltern von einem wie auch immer behinderten Kind wieder erlernen müssen, und die von Ihnen zitierte Geduld. Und wenn wir heute bei Ihnen sind, dann sehen wir auch, dass wir dankbar dafür sein müssen, dass es solche Einrichtungen wie die »Lebenshilfe« gibt, denn die Gefahr, dass unsere »Behinderten« ganz verdrängt, in die Ecke geschoben und als minderwertig betrachtet werden, scheint nie so ganz gebannt.

Faszinierend ist auch, was mit »Training«, also dem entsprechenden Personal und den entsprechenden Geräten, alles machbar ist. Am wichtigsten ist aber die Liebe, die Sie wie auch wir unseren Schützlingen entgegenbringen. Dafür möchte ich Ihnen ganz herzlich danken – und vielen Dank auch für die Ausrichtung dieses schönen Festes. Danke.

Öffentliche Anlässe

Rede zu einer Bürgerversammlung

Liebe Bürgerinnen und Bürger dieser Stadt,

wir haben Sie in das Bürgerhaus eingeladen, um über Ihre Sicherheit auf den Straßen zu diskutieren.

Die letzten Überfälle auf einzelne Bürger haben uns gezeigt, dass wir nicht rund um die Uhr an gefährdeten Stellen zugegen sein können. Deshalb brauchen wir Ihre Unterstützung.
    Wir planen, mit Ihnen ein gemeinsames Vorgehen abzustimmen. Zusätzlich werden wir Ihnen Tipps geben, wie Sie die gegenseitige Aufmerksamkeit bewusst schärfen können, um so bereits durch vorbeugende Maßnahmen Schaden abzuwenden.
    Dann werden wir Ihnen bewährte Regeln aufzeigen, wie Sie sich bei eingetretenen Notsituationen verhalten können. Gleichermaßen bringen Sie Ihre Ideen ein. Eine davon ist, dass sich diejenigen Bürger, die Hunde besitzen, zusammenschließen und so eine Art Hundestaffel aufstellen.

Solche Ideen sind willkommen und sollten in der anschließenden Diskussion behandelt werden. Jetzt kommt es erst einmal darauf an, Ihre Bereitschaft zu wecken, mit uns Hand in Hand zu arbeiten.
    Es ist uns sehr wohl bewusst, dass Sie im weitesten Sinne unsere Auftraggeber sind, und wir wollen Ihnen einfach gute Arbeit abliefern. Dazu aber brauchen wir Sie und Ihre praktischen Hinweise, um nicht nur über Bürgernähe zu reden, sondern sie auch zu praktizieren.

Die Diskussion ist hiermit eröffnet.

Rede zu einer Ausstellungseröffnung

Meine sehr geehrten Damen und Herren,

ich freue mich sehr, Sie heute hier zur Eröffnung der Ausstellung »Neue Landschaftsbilder und Aquarelle« von Inge Meyer-Grabowski begrüßen zu dürfen. Als Vorsitzender unseres Kulturkreises freue ich mich besonders, dass wir es geschafft haben, eine so interessante Kunstausstellung in die Räume hier im Gemeindezentrum zu holen – Sie, lieber Herr Bürgermeister, haben uns großzügig die Türen geöffnet.

Mit Inge Meyer-Grabowski zeigen wir eine Künstlerin, die auf dem Gebiet der zeitgenössischen Landschaftsmalerei eine höchst eigenständige Position einnimmt. Sie hat an der Kunstschule Neustadt bei Professor Münchmeier studiert und den Grundstein soliden künstlerischen Könnens gelegt. Im Laufe der vergangenen Jahre hat sie zu einem unverwechselbaren künstlerischen Repertoire gefunden, und ihre Verbundenheit mit der Natur, die sie als ihre Kraftquelle bezeichnet, hat immer wieder zur künstlerischen Auseinandersetzung mit Landschaften, Wolken, Stimmungen, den Jahreszeiten geführt.

In den Werken unserer Ausstellung setzt sie Formen und Farben unserer Heimat auf ganz eindringliche Weise ins Bild. Davon mögen die gut 20 großformatigen Ölbilder wie auch die mehr als 40 Aquarelle, die ein deutlich kleineres Format aufweisen, beredtes Zeugnis ablegen. Ich hoffe, dass Ihnen das Betrachten ebenso große Freude macht wie uns, die wir die Ausstellung zusammenstellen durften.

Dass also diese schöne und bereichernde Ausstellung zustande kommen konnte, ist dem Zusammenwirken aller Beteiligten zu danken. Und so geht mein erster Gruß an die Künstlerin selbst, die sich mit ihrer ganzen Kraft für das Zustandekommen eingesetzt hat. Danken möchte ich auch unseren Sponsoren, deren finanzielle Zuschüsse maßgeblich dazu beigetragen haben, dass wir diesen kleinen, aber durchaus feinen und informativen Katalog herausgeben konnten. Und Dank geht auch an die technischen Mitarbeiter der Gemeindeverwaltung, die sich in enger Zusammenarbeit mit der Künstlerin um das Hängen der Kunstwerke gekümmert haben.

Zum Schluss kommend, bleibt mir nur noch eines: der Ausstellung den ihr gebührenden Erfolg zu wünschen. Meine Damen und Herren, die Ausstellung ist hiermit eröffnet!

Rede zur Wiedereröffnung eines Heimatmuseums

Meine sehr geehrten Damen und Herren,

es ist mir eine große Freude, dass Sie so zahlreich gekommen sind, um die feierliche Wiedereröffnung unseres Heimatmuseums zu begehen. Und so erstrahlt sie nun in neuem Glanze, die gute Stube unserer Gemeinde! In einer mehr als einjährigen Renovierungsmaßnahme ist es uns gelungen, das Gebäude innen wie außen zu sanieren und unsere heimatgeschichtliche Sammlung ganz neu zu präsentieren. Als ehrenamtliche Leiterin der Einrichtung erfüllt es mich zudem mit Stolz, dass vieles von dem, was Sie hier sehen, nur durch ehrenamtliches Engagement zustande gekommen ist. Dafür darf ich den zahlreichen freiwilligen Helferinnen und Helfern meinen ganz ausdrücklichen Dank sagen.

Und Dank geht natürlich auch an die zuständigen Organe der Gemeindeverwaltung wie an unser örtliches Handwerk – alle haben uns mit Rat, aber auch mit Tat und mit Finanzspritzen unterstützt.

Nun ist sie wieder zugänglich und so schön anzuschauen wie noch nie, unsere Bauernstube aus dem 17. Jahrhundert mit all den Haushaltsgegenständen. Wir können nachvollziehen, wie unsere Vorfahren lebten und arbeiteten. Bekannt ist unser Museum auch für seine umfangreiche Sammlung historischer Gasthausschilder aus dem ganzen Umkreis – Zeugnis dafür, wie lebensfroh unsere Region schon immer war. Die Schilder hängen nun, bestens beleuchtet und kundig beschriftet (Dank dafür an Herrn Lehrer Grunert!) in Raum 2 des Museums. In Raum 3 schließlich unsere Sammlung interessanter Urkunden aus der Geschichte der Gemeinde, Protokolle von Ratssitzungen, Geschäftsbücher der früheren Zigarrenfabrik sowie alte Katasterauszüge. Besonders interessant die Briefe und Postkarten derer, die in ferne Länder auswanderten, an die Daheimgebliebenen. Prunkstück und jetzt wieder wirkungsvoll aufgestellt ist die Marmor-Kaminuhr, die ein in Amerika zu Wohlstand gekommener Vetter den hiesigen Verwandten schickte.

Das alles und noch viel mehr konnten wir aufarbeiten, mit erläuternden Schildern versehen und in einer begleitenden Broschüre beschreiben. Nochmals allen Beteiligten vielen, vielen Dank! Ihnen allen viel Freude bei der Wiederentdeckung der wertvollen Stücke, die uns unsere Ortsgeschichte näherbringen. Unsere Grund- und Hauptschule hat sich zu Klassenbesuchen angesagt, was mir als pensionierter Konrektorin natürlich ein besonderes Anliegen ist. Dank ehrenamtlichem Engagement wird es uns auch möglich sein, das Museum am Donnerstag, Freitag und Sonntagnachmittag geöffnet zu halten. Auf dass Zuspruch und Besucherstrom nicht abreißen!

Rede zur Geschäftseröffnung

Liebe Damen und Herren,
meine besten Freundinnen und Freunde,

heute stehe ich hier wirklich stolz und glücklich, der große Tag ist da! Ich habe meinen Traum verwirklicht und kann heute meine Boutique »Jasmin« eröffnen. Benannt habe ich sie nach meiner wunderbaren Tochter, die in den letzten hektischen Wochen der Renovierung und Einrichtung meines Ladens so oft auf die Mama und ein warmes Essen verzichtete, die immer wieder alle möglichen kleinen Besorgungen erledigt hat und mit Lob und Kritik nicht sparte. Die schönen Pflanzen und die beiden kleinen Sessel, die, wie ich finde, bestens zur harmonischen Atmosphäre beitragen, hat sie ausgesucht! Und damit komme ich zu den mediterranen Farben und der sanften Beleuchtung, worauf ich so viel Wert gelegt habe: Olaf und Hans-Peter, die ihr am Wochenende tapeziert, Wände gestrichen, Lampen montiert und Regale aufgestellt habt, ihr habt entscheidend beigetragen, dass ich mit meinem schmalen Budget hinkam. So auch Andrea, die für den heutigen Abend das Catering übernommen hat – gleich sollen sich alle auf ihr verlockendes Buffet stürzen! Habt alle vielen, vielen Dank, ich weiß gar nicht, wie ich das in Worte fassen soll!

Mein Traum wurde wahr, nun kann ich nur noch hoffen, dass mein Sortiment flotter, fröhlicher und bezahlbarer Damenmode, das ich mit viel Liebe zusammengestellt habe, angenommen wird. Endlich gibt es hier in unserem Ort eine Modeboutique, meine Damen, schauen Sie sich um! Es gibt schicke Blusen und Shirts, Hosen und Jeans, Röcke und Jackets für jeden Tag, lässig oder etwas korrekter fürs Büro. Auch ein kleines Sortiment an Abendgarderobe werden Sie finden sowie Accessoires – vor allem schöne Tücher sind ja meine Leidenschaft.

Bei der Gestaltung der beiden Ankleiden haben wir uns besondere Mühe gegeben, darin soll nach Herzenslust probiert werden. Ich möchte, dass meine Kundinnen wirklich zufrieden sind, sich todschick und attraktiv fühlen und gern wiederkommen. Dazu gehört für mich auch, dass es nur wirklich tragbare Modelle gibt, für die man keine Modelfigur braucht. Ab nächste Woche wird mir halbtags Sandra, die ich hiermit vorstelle, zur Seite stehen. Komm her und zeig dich, Sandra! – Das ist Sandra, die vor der Geburt ihrer Zwillinge in sehr guten Modehäusern gearbeitet hat und von deren Kompetenz und Gespür ich überzeugt bin!

Also nochmals allen heißen Dank, die mir geholfen und mich auch moralisch unterstützt haben. Schnappt euch nun alle ein Glas Sekt oder Selters und lasst uns feiern!

Trauerfälle

Trauerrede am Grab eines freiwillig aus dem Leben gegangenen 25-Jährigen

Liebe Trauernde!

Ich möchte Ihnen mein Mitempfinden ausdrücken. Peter hat freiwillig ein anderes Leben gewählt, ein Leben, das uns noch unbekannt ist. Er hat sich oft mit diesem anderen Leben beschäftigt und sah das jetzige Leben nur als eine Übergangsstation für ein neues – Leben an. Der Tod hatte für ihn keine Schrecken, denn er war sich gewiss, Leben und Tod sind eins, so wie der Fluss und das Meer eins sind.

Wir aber, die wir ihm nicht gefolgt sind, weil unsere Zeit noch nicht gekommen ist, wir können das alles nicht begreifen. Es trifft uns unvorbereitet. Wir sind fassungslos, unsere Herzen sind voller Trauer, und die Wunde des Trennungsschmerzes klafft noch weit. In dieser Stunde des Abschieds sind wir Peter am nächsten. Vielleicht wären diese Augenblicke der Nähe für ihn lebensbestimmend gewesen. Vielleicht hätte er solche Momente der Nähe öfter gebraucht. Wenn wir Sehende wären, wüssten wir es. Aber wie schwer fällt es uns schon, in unser eigenes Herz zu schauen – und wie viel schwerer ist es dann, dies bei uns nahestehenden Menschen zu tun? Vielleicht sollten wir bewusster mit uns selbst und mit anderen Menschen umgehen.

Peter war ein außergewöhnlicher Mensch. Er gehörte immer zu den Besten. Was er anfasste, das gelang ihm mit Fleiß, Energie und dem notwendigen Talent. Umso unbegreiflicher ist es für uns, dass dieser talentierte Mensch, dem sämtliche Türen zu einem erfüllten Leben offenstanden, dort nicht hindurchging. Die alten Griechen fanden dafür trostvolle Worte, indem sie sagten: »Wen die Götter lieben, den nehmen sie früh zu sich.« Ein arabischer Prophet hat gesagt, dass unsere Kinder nicht unsere Kinder sind. Sie kommen durch uns, aber nicht von uns. Wir dürfen ihren Körpern ein Haus geben, aber nicht ihren Seelen. Denn ihre Seelen wohnen im Haus von morgen, das wir nicht besuchen können, nicht einmal in unseren Träumen. Wir dürfen uns bemühen, wie sie zu sein, aber nicht versuchen, sie uns ähnlich zu machen. Denn das Leben läuft nicht rückwärts, noch verweilt es im Gestern.

Liebe Angehörige, verabschieden wir uns von Peter und ehren wir ihn in diesem Sinne als einen einzigartigen Menschen. Wir werden ihn immer jung im Gedächtnis bewahren.

Trauerrede am Grab des Freundes

Liebe Freunde!

Er ist fortgegangen, und, was am meisten schmerzt, ohne Abschied. Wir hätten einander noch viel zu sagen gehabt, wie immer, wenn wir zusammen waren. »Wir werden noch viel miteinander sprechen«, sagt ein Gefühl in mir.

Er ist zu früh gegangen, für mich wenigstens. Wie er jetzt darüber urteilt, wissen wir nicht; wir wissen ja nichts wirklich über das Ziel seiner Reise.
»Er ist zu früh gegangen«, sagt mir mein Gefühl. Und dies zeigt mir an, wie selbstsüchtig unsere Trauer ist. Unser Leben ist nicht beständig, wie wir uns vorzugaukeln versuchen. Unsere Freunde sind bestenfalls ein Geschenk, eigentlich eher, wie alles, eine Leihgabe, die wir eines Tages wieder zurückgeben müssen.

Der Gedanke an den Tod war ihm nicht fremd. Der Tod hatte etwas Tröstliches für ihn. Darum glaube ich auch, dass er, wenn er uns an seinem Grabe sieht, wo immer seine Seele auch sein mag, lächelt. »Ach, ihr –«, würde er sagen und uns liebevoll zuzwinkern.
Sicher, er verschloss nicht die Augen vor den dunklen und selbstzerstörerischen Seiten der Menschheit; trotzdem war er ein heiterer, lebenslustiger Optimist. – Gegen das »trotzdem« würde er freilich protestieren. »Gerade deswegen«, würde er sagen, »gerade weil der Tod für mich zum Leben gehört, weil Liebe und Tod die Grenzerfahrungen sind, aus denen ich meine Maßstäbe beziehe.«
Er war ein Mensch voller skurriler Einfälle, liebevoller Spötteleien, bissiger Pointen. Er konnte mit schauspielerischer Verve reden, einen in seiner galoppierenden Begeisterung mitreißen, mit seiner fast jungenhaften Fröhlichkeit anstecken und – nachdenkliche Fragezeichen

setzen, Sätze und Wörter hinterfragen, auf letzter Genauigkeit und Wahrhaftigkeit bestehen.

Er war von einem unstillbaren Wissensdurst erfüllt, war vielseitig interessiert, geradezu enzyklopädisch gebildet. Und doch – wenn man sein Wissen, seine Weisheit bewunderte, dann wunderte er sich. »Gepflegte Halbbildung«, mehr ließ er als Prädikat nicht zu. Er nahm sich nicht gerade wichtig; bescheiden und selbstironisch trat er einem entgegen. Unduldsam und boshaft pflegte er nur gegenüber denjenigen zu werden, die, von keinem Zweifel beirrt, Halbwahrheiten und Scheinwissen für der Weisheit letzten Schluss ausgaben. Über Intoleranz, Borniertheit und Gewalttätigkeit, über die »krankhaft Gesunden« mochte er verzweifeln.

Er schrieb gern lange Briefe: jeder ein Kunstwerk, jeder so, als säße er einem gegenüber. Doch er litt darunter, dass die Antworten immer seltener wurden, immer öfter bloß mitteilten. Lebhafter Gedankenaustausch war sein Lebenselixier. Nun, da er tot ist, wird mir erst deutlich, wie sehr wir Lebenden uns im Grunde anschweigen, selbst wenn wir reden. Er aber, er prägte unendlich viele Gedanken und Sätze, ohne viel Aufhebens davon zu machen. Ich bin, glaube ich, nicht der Einzige, der ihn unablässig zitiert, ihn nicht »in Ruhe lässt«, so würde er vielleicht spöttisch sagen – vielleicht, vielleicht auch nicht. Wir vermissen seine Stimme. – Und fortwährend gehen mir die Verse von Claudius durch den Kopf:

> Friede sei um diesen Grabstein her!
> Sanfter Friede Gottes! Ach, sie haben
> Einen guten Mann begraben,
> Und mir war er mehr.

Trauerrede für einen Kollegen

Hochverehrte Hinterbliebene!
Liebe Trauergemeinde!

Unter allen Grenzen, die dem Menschen in jungen Jahren ebenso wie im hohen Alter gesetzt sind, ist der Tod die endgültige. Die Nachricht vom Hinscheiden eines Menschen, der uns über lange Jahre hinweg nahestand, wirkt wie ein plötzlicher, kalter Schatten. Man fröstelt, erschauert – und die bewusst gewordene Vergänglichkeit alles Irdischen bedrückt das Herz. Stumm und ratlos stehen wir vor diesem Ereignis, und für die unmittelbar Betroffenen finden wir nur schwer die richtigen Worte des Trostes.

Wir alle verlieren in dem Verstorbenen einen väterlichen Freund. Seine schlichte, aufrechte und von hohem Verantwortungsgefühl getragene Art verbarg hinter äußerer Zurückhaltung große Warmherzigkeit. Wir wussten und wissen, dass hinter seinem Tun der eine Wunsch stand: seine Kraft zum Wohle all derer einzusetzen, mit denen er sich verbunden fühlte. Wen er seiner Freundschaft für würdig hielt, der durfte ihm vertrauen. In den rund 30 Jahren seines Wirkens als Mitbegründer und Mitinhaber unseres Werkes hat er uns gezeigt, wie ein erfülltes Leben aussieht. Es ist ein Leben der Liebe, der Arbeit und der Fürsorge.

Und so stehe ich hier im Namen der Familie und im Namen der Mitarbeiter unseres Hauses, um ihm, der von uns gegangen ist, in dieser Stunde Worte des Dankes nachzurufen: Wir danken dir für das Vorbild der Pflichterfüllung. Wir danken dir dafür, dass du stets mit Rat und Tat zur Hilfe bereit warst. Wir danken dir für deine unerschütterliche Treue. Wir werden dich nicht vergessen – denn es bleiben Liebe und Verehrung.

Trauerrede für eine Kollegin

Lieber Herr Hoffmann!

Sie und Ihre ganze Familie stehen vor einem großen Verlust. Sie müssen Abschied nehmen von Ihrer Frau und der Mutter Ihres Kindes. Sie und Ihre Tochter bleiben allein zurück.

Fortan müssen Sie, auf sich gestellt, mit dem Haushalt und der Erziehung Ihrer Tochter fertig werden.
  Ihre Michaela ist zwar ein verständiges Mädchen von dreizehn Jahren, das manches auch schon selbstständig meistern kann, und außerdem steht, wie ich gehört habe, die Großmutter als letzte Rettung im Hintergrund; dennoch wird es für Sie beide nicht leicht sein, ohne Frau und Mutter auskommen zu müssen.

Unser Unternehmen, speziell die Verwaltungsabteilung, verliert durch den Tod Ihrer Frau eine treue, fleißige und tüchtige Kraft. Seit acht Jahren war sie in unserem Hause tätig, um zusammen mit ihren Kolleginnen und Kollegen im Servicedienst nach dem Rechten zu sehen. Ohne die zuverlässige Arbeit und das Pflichtbewusstsein aller unserer Mitarbeiter liefe, wie man gern sagt, nichts; der Verlust ist dann besonders schwer, wenn eine zuverlässige und eifrige Kraft aus der Gemeinschaft herausgerissen wird. Auf unsere Frau Hoffmann, das wussten wir, konnten wir uns stets verlassen.

Es stimmt, wir alle waren auf das Ende vorbereitet. Dass es keine Heilung mehr gab, wussten wir. Zuerst hatten noch alle mit ihr gehofft, dass die Krankheit gut ausgehen würde. Aber sehr bald schon wurde es zur Gewissheit, dass keine Hoffnung mehr bestand. Und doch ist es, wenn der Tag gekommen ist, immer viel zu früh! Gern wird als Trost gesagt: »Die Zeit heilt alle Wunden.« So ganz stimmt das nicht.

Manche Wunden heilen nicht, sie vernarben nur, und der Schmerz bleibt. Aber richtig an diesem Wort ist, dass man sich vom Schmerz nicht überwältigen lassen darf. Denn das Leben geht weiter und fordert uns.

Auch Sie werden bald wieder in die Pflicht genommen und müssen für sich und Ihre Tochter sorgen. Sie werden ihr nun auch noch die Mutter ersetzen müssen. Seien Sie ihr trotz all Ihres Schmerzes und aller Verletzlichkeit ein verständiger Vater. Wir wünschen Ihnen die Kraft dazu und werden Ihnen mit allem, was wir vermögen, zur Seite stehen, wenn Sie unserer Hilfe bedürfen.

Ihre Tochter, die verständlicherweise nicht mitkommen wollte, grüßen Sie bitte, und sagen Sie ihr, wir werden ihre Mutter in dankbarer Erinnerung behalten!

Trauerrede für einen Mitarbeiter

Wir nehmen Abschied von unserem langjährigen Mitarbeiter, unserem Kollegen und guten Freund Werner Heide.

Abschiednehmen ist immer schmerzlich. Ganz besonders aber tut es weh, wenn es ein Abschied für immer ist. Wenn wir einem Menschen endgültig Lebewohl sagen müssen, der uns viele Jahre, ja sogar Jahrzehnte als Kollege, Mitarbeiter und Freund nahegestanden hat, dann ist das besonders bitter.

In den 20 Jahren, die Werner Heide in unserer Firma tätig war, haben viele seine Hilfe in Anspruch genommen. Er war fast so etwas wie eine lebende Institution. Wer hat ihn nicht um Rat gefragt oder ihm sein Herz ausgeschüttet? Für jeden hatte er ein offenes Ohr. Oft konnte er auch ganz praktisch helfen. Zuhören, das konnte er, das war seine Stärke. Wenn Werner Heide sich hinsetzte und sich einfach anhörte, was der andere zu sagen hatte, dann war das oft schon Hilfe genug. Aber er ist im Laufe seiner Betriebszugehörigkeit auch ganz konkret mit Vorschlägen gekommen und hat wesentlich zur Verbesserung des Betriebsklimas beigetragen. Verehrte, liebe Frau Heide, dafür schulden wir Ihrem Mann Dank, einen Dank, den wir ihm selbst nicht mehr sagen können.

Aber auch Ihnen schulden wir Dank. Sie haben im Laufe der Jahre oftmals auf Ihren Mann verzichten müssen, wenn Dringendes kurzfristig zu erledigen war. Sie haben das ohne Murren getan, und wir wussten, unser Werner Heide hat ein Zuhause, das er brauchte, und eine Frau, die ihn verstand.

Sie und Ihre Familie sind durch den Tod Ihres Mannes schwer getroffen. In solchen Augenblicken kann Zweifel aufkommen am Sinn allen Tuns, und es stellt sich die Frage: Ist der Einsatz, den wir im Arbeitsleben bringen, eigentlich angemessen? Ist das Dringende, das wir eben noch erledigen wollen, wirklich so dringend im Angesicht des Todes? Ist der Verzicht, den wir uns und unseren Familien um unserer Arbeit, unserer Firma willen auferlegen, gerechtfertigt angesichts dessen, dass wir dereinst aufeinander verzichten müssen, bis die Ewigkeit uns wieder vereint?

Unser Leben ist ein Geschenk, ein anvertrautes Gut, mit dem wir behutsam umgehen sollten. Allerdings sind auch die Gewissenhaftigkeit und die Zuverlässigkeit und der Eifer, mit denen wir an die Arbeit gehen, eine Gabe, die zu diesem Leben dazugehört. Und wer hätte das besser gewusst und gelebt als Werner Heide?

Ich kann nur unser aller Trauer Ausdruck verleihen. Es wird schwer sein, die Lücke, die er im Unternehmen und bei seinen Kollegen hinterlässt, zu schließen. Doch um wie viel schwerer ist für Sie, liebe Frau Heide, der Verlust, Ihres Mannes!

Wir nehmen heute von einem Menschen Abschied, der vielen von uns zum Freund geworden ist. Möge er in Frieden ruhen!

Nachruf am Grab eines Mitarbeiters

Verehrte Frau Schulz, sehr geehrte Trauergemeinde!

Geschäftsleitung, Betriebsrat und Mitarbeiter der Bau AG sind ergriffen vom Tod unseres Mitarbeiters Tilman Schulz.
   Wir nehmen mit Ihnen Abschied von einem engagierten, pflichtbewussten und stets zuverlässigen Mitarbeiter, der sich mit seiner Arbeit und unserem Unternehmen identifizierte. Ob solche Werte und Worte modern sind, ist unwichtig – sie bleiben zeitlos!

Fast zwei Jahrzehnte war Tilman Schulz in unserem Werk III in Rummelsberg tätig. Er tat und bewegte etwas, als Meister wie als Vorbild. Seine Fachkundigkeit, sein sicheres Entscheiden und rasches Handeln wurden allseits geschätzt, gleichermaßen seine jederzeit freundliche und hilfsbereite Wesensart. Bei unseren Kunden war er ein geachteter Berater. Wir alle haben ihm zu danken!
   In der Tatsache der Unabänderlichkeit dieser Stunde bleibt es uns, Ihnen, liebe Frau Schulz, und allen Angehörigen unsere aufrichtige Anteilnahme und mittrauernde Verbundenheit auszudrücken und dir, lieber Kollege Schulz, diesen Kranz als letzten Gruß zu widmen.

Für Tilman Schulz schließt sich der ewige Kreislauf des Werdens, Wachsens, Blühens und Vergehens. Er ruhe in Frieden!

TRAUERFÄLLE

Trauerrede für einen Vereinskameraden

Liebe Jutta!
Liebe Vereinskameraden!

Wir trauern. Unser geehrter und geliebter Vereinskamerad, unser Michael Großmann, wurde nach langer, schwerer Krankheit aus unserer Mitte gerissen. Wir trauern mit dir und deiner Familie, liebe Jutta, und sprechen dir und den Deinen unser Beileid aus. Im wahren Sinn des Wortes leiden wir mit euch! Auch uns trifft dieser Verlust schwer.
    Und doch sollten wir trotz des endgültigen Abschiedes eigentlich nicht von Trauer sprechen. Michael hätte davon nichts wissen wollen. Er sprach so offen von seinem Tode, dass wir alle ohne Befremden mit ihm über dieses Thema reden konnten. Er wollte heim, wie er es ausdrückte.

Es war sein Glaube, der ihn mit dieser Kraft zum Sterben ausrüstete. Es wäre darum auch ganz verkehrt, würden wir in dieser Abschiedsstunde von dem Schmerz sprechen, der ihn heimgesucht hat. Vielmehr müssen wir jetzt damit fertig werden, dass unser lebenslustiger Michael nicht mehr unter uns ist. Zu lernen haben wir auch von ihm, wie man eine schmerzhafte Krankheit erträgt. Er hatte keinen Grund, lustig und fröhlich zu sein. Und wie sehr war er es trotz allem!
    Zugleich gehörtet ihr auch zu uns, zu unserem Kleingartenverein. Wenn wir es richtig gesehen haben, wart ihr ein glückliches Paar.
Das haben wir besonders in der Zeit gemerkt, als du, Jutta, eine viele Monate dauernde Krankheit durchzustehen hattest. Damals wurdest du allein von deinem Mann gepflegt, man muss wohl sagen, gesund gepflegt.

Michael war ein Mann, der mit seiner Fröhlichkeit andere anstecken konnte – sogar als er auf dem Krankenbett lag und wir ihn besuchten.

Er war es, der uns – und sich selbst – seelisch aufrichtete. Wir gingen heiter gestimmt nach Hause. Wo und wann werden wir so etwas je wieder erleben?

Wir werden ihn in ehrendem Andenken behalten, das ist eine Selbstverständlichkeit, und wir wollen ihm danken für alles, was er uns gegeben hat, danken vielleicht auch, indem wir ihm nacheifern. Das ist zwar nicht immer leicht möglich; jeder hat seinen eigenen Glauben; dennoch, den Sinn des Lebens nicht allein in materiellen Werten, sondern auch im Einsatz für andere zu sehen, das könnten wir gut von ihm lernen.

In diesem Sinne wollen wir des Toten gedenken. Möge er in Frieden ruhen.

Trauerrede für ein verdientes Vereinsmitglied

Liebe Angehörige und Freunde des Verstorbenen,
liebe Trauergemeinde,

wir nehmen Abschied von unserem Turnbruder Heinz, der uns im gesegneten Alter von 88 Jahren für immer verlassen hat und in unseren Reihen eine schmerzliche Lücke hinterlässt.

Mit seinem Tod verlieren wir einen guten, verlässlichen Freund, dessen Herzenswärme, Bescheidenheit und Liebenswürdigkeit unser Leben reicher gemacht haben. Nichts kann seine Wesensart besser definieren als die altehrwürdigen, rechtschaffenen Turnerprädikate: frisch, fromm, fröhlich, frei!

Unmittelbar nach dem Zweiten Weltkrieg trat er als Dreiundzwanzigjähriger in die Gemeinschaft der Turner des TVD ein, wo er in den Jahren 1945–1956 nicht nur als aktiver Turner, sondern auch als Tambourmajor des Turnerspielmannszuges, dem er mit seinem Taktstock wacker voranging, das Vereinsgeschehen wesentlich mitgeprägt und unterstützt hat, bis zu seiner Übersiedlung ins benachbarte Siegerland.

Danach wurde dann bedauerlicherweise seine Tätigkeit in unserem und für unseren Verein für ganze 20 Jahre unterbrochen, bis unser Turnbruder Heinz im Jahre 1976 mit seiner Familie wieder in die alte Heimat zurückkehrte und sofort in alter Verbundenheit sein Wirken im TVD fortsetzte. So war er in den Jahren 1983–1988 auch Mitglied des Ehrenrates.

Sein Hauptverdienst lag aber mit darin, dass er es in vorbildlicher Weise verstand, das Sportliche mit dem Musischen zu verbinden. So übernahm er bald nach seiner Rückkehr die musikalische Betreuung der Turnerinnen. Jahrelang begleitete er jeden Mittwoch die Damen mit viel Engagement – für ihn ganz selbstverständlich: in ehrenamtlicher Funktion – beim Turnen und bei der Gymnastik mit seinem gekonnten Klavierspiel, bis endlich die moderne Technik dieser schönen Gepflogenheit ein Ende setzte.

Mit Freude und Interesse hat er bis ins hohe Alter am aktiven Sport teilgenommen und sowohl unsere Versammlungen als auch die vielfältigen geselligen Veranstaltungen durch seine Anwesenheit bereichert und unterstützt. Mit seiner positiven Lebenseinstellung hat er uns Selbstvertrauen und Freude am Tun vermittelt, den Gemeinschaftssinn gefördert als gutes Vorbild für Jung und Alt.

Mit seiner Familie, allen Angehörigen und Freunden trauert der TVD um seinen Turnbruder Heinz; viel mehr aber trifft uns der Verlust des Menschen, der Persönlichkeit Heinz Franke, den wir geschätzt und lieb gewonnen haben. Ich bin dankbar, dass ihm ein langes, oft so leidvolles Krankenlager erspart geblieben ist und dass ich ihn am vergangenen Freitag noch einmal sehen durfte.

Im Namen aller Turnschwestern und -brüder wünsche ich ihm die wohlverdiente Ruhe und ewigen Frieden. Vergessen werden wir ihn nicht. In unserer Erinnerung lebt er weiter!

Autoren

Dr. Heinz Joachim Bless
Gert E. Boness
Prof. Dr. Günther Dahlmann-Resing
Marc Fischer
Peter Flume
Elisabeth Fuhrländer
Gabriele Gassen
Dr. Richard Gassen
Horst Göbel
Dr. med. Kea Gunter-Ventzke
Dr. Frank Hatje
Jürgen Helmke
Marlies Herweg
Fritz Heusler
Joachim Christian Huth
Jobst Huth
Siegfried A. Huth (†)
Hans-Joachim Kempe
Walter Kessel
Prof. Dr. Rolf Kramer
Hans-Peter Krämer
Frank Manekeller
Wolfgang Manekeller
Siegfried Menninger
Dietrich Mommert
Gabi Neumayer
Klaus Patzel
Tiana Piehler
Joachim-Bernhard von Prittwitz und Gaffron
Ulrike Rudolph
Anja Simon
Karin Szyszka
Roswitha Schäfer-Neubauer
Dr. Barbara Topp
Dr. Michael Wagner-Kern
Ursula Widmann-Rapp
Stephanie von Zitzewitz

Geburt, Taufe, Kommunion, Konfirmation, Geburtstag, Hochzeit, Jubiläum, Trauerfall

Duden – Passende Worte für jede Gelegenheit

Jedes Familienereignis, jedes Jubiläum erfordert eine eigene Ansprache. Dieser Sammelband bietet einen Fundus passender Formulierungen, Zitate und Gedichte zu einem attraktiven Preis. Aber auch ohne konkreten Anlass lohnt sich das Blättern in diesem liebevoll gestalteten Buch.
288 Seiten. Gebunden.

Text und Schriftwahl, Farbgebung, Illustration, Layout
Duden – Die stilvolle Gestaltung

Individuell gestaltete Einladungen, Glückwunschkarten und Familienanzeigen, professionell aufgebaute Gutscheine, Plakate und Handzettel zeugen von Kreativität und erhöhen die Aufmerksamkeit. Dieser Band macht es Ihnen leicht, schön gestaltete Drucksachen zu entwerfen. Er ist eine Fundgrube für alle, die mit Farben, Formen und Schriften die passende Wirkung erzielen wollen. Lassen Sie sich inspirieren von den Anregungen und Tipps der Profis!
128 Seiten. Gebunden.